奔跑者

中国经济脊梁

刘星 著

中国科学技术出版社

·北 京·

图书在版编目（CIP）数据

奔跑者 : 中国经济脊梁 / 刘星著 . -- 北京 : 中国
科学技术出版社 , 2025. 1.（2025.2 重印）-- ISBN 978-7-5236-1202-6

Ⅰ . F12

中国国家版本馆 CIP 数据核字第 2024XP6961 号

策划编辑	申永刚　何英娇	
执行策划	张　顿	
责任编辑	何英娇	
版式设计	蚂蚁设计	
封面设计	潜龙大有	
责任校对	吕传新	
责任印制	李晓霖	

出　　版	中国科学技术出版社	
发　　行	中国科学技术出版社有限公司	
地　　址	北京市海淀区中关村南大街 16 号	
邮　　编	100081	
发行电话	010-62173865	
传　　真	010-62173081	
网　　址	http://www.cspbooks.com.cn	

开　　本	880mm×1230mm　1/32	
字　　数	158 千字	
印　　张	8.375	
版　　次	2025 年 1 月第 1 版	
印　　次	2025 年 2 月第 2 次印刷	
印　　刷	大厂回族自治县彩虹印刷有限公司	
书　　号	ISBN 978-7-5236-1202-6 / F·1342	
定　　价	69.00 元	

（凡购买本社图书，如有缺页、倒页、脱页者，本社销售中心负责调换）

推荐序

　　得知刘星的书稿付梓，我内心十分欣喜。写这段文字不是应邀，而是要主动表达一下心情。

　　认识刘星缘于中央电视台财经频道《对话》节目，当时国务院国有资产监督管理委员会（简称"国资委"）成立不久，我们老领导李荣融主任做客《对话》，前期的策划沟通由刘星负责，看这个小姑娘在如此大咖面前毫不怯场，所表现出来的专业素养，我们很是惊异和佩服。刘星的领导说她可是个才女，1 岁识千字，3 岁上小学，14 岁就以优异成绩考上中国传媒大学，之后又在新加坡国立大学学习。后来，刘星在从导演到主编，再到副制片人、制片人的成长过程中，做了很多关于国资央企的节目，从演播室到工厂现场，从中国国际进口博览会到达沃斯世界经济论坛，从国内到国外，通过《对话》节目讲述国资央企发展背后的故事，展示央企企业家的风采，宣传改革成效，这份付出和努力，让我们由衷地心生感激，她也和我们以及很多央企领导结下了深厚的友情。

　　2021 年，在党的 100 周年华诞到来之际，我和陈红兵、杜阳（两人都是刘星的领导）还有刘星一起聊天，提出了用央企有纪念意义的物件作为信物，讲述企业发展的历史，讲述红色财经的发展，以此纪念党的生日。我们还专门找了国资委几个同志一起开会研究，大家都觉得创意很好，但实现的困难很大，结论是先做两期试试。当看到第一个拍摄制作的讲述招商局集团的"海辽轮"历史故事后，我就知道这个事能行，只是要做好，特别是要做出100集绝不简单。刘星作为这个项目的总导演，为此付出了巨大的努力。100集节目、100件信物、100位董事长亲自讲述，每一集、每一件、每一位的背后都蕴含着大量的工作，而这一切工作的背后都有刘星的身影。由于工作量太大，同事和领导都劝她不一定要做100集，三五十集已经不错了。但她偏不，咬着牙克服困难做了100集。当时国资委领导说，这是前无古人、后无来者的壮举。这让我想起一个有关马拉松的励志金句：一旦出发，必须到达。这是奔跑者刘星的坚持，也是职场人刘星的执着。

说来本书和《红色财经·信物百年》节目还是有关系的，节目在央视播出以后，获得各方面的广泛好评和深度传播，被央视新媒体和各家机构、企业公众号广泛转播，许多企业将本企业的信物请回展室并滚动播放节目视频，有的企业甚至在电梯或公共空间内反复播放视频。除视频外，节目内容还被编辑成图书出版，并被中组部评选为第六届全国党员教育培训教材。

在这累累硕果之下，我却一直有一个遗憾，就是刘星作为总导演，在选信物的过程中、在策划脚本的过程中、在与每一位董事长的交流过程中、在每一集的拍摄和编辑过程中，一定有许多不一样的感受和思考。如果这些内容能够呈现出来与大家分享，一定有独特的价值。后来我才知道，不只是我一个人有这样的想法，她的很多同事、央企董事长、出版社编辑都有这个想法，但是出于种种缘由一直未落实。

去年中央广播电视总台推出"中国 ESG^① 发布暨榜样盛典"项目，刘星是这个项目的负责人，她给我们讲述了从另一个角度看央企的感受，让我们看到了一个更有温度、更独特的视角，于是大家纷纷鼓励她写一写从媒体人的角度看到的企业。也许是工作忙，她久久没有动静。今年上半年她在中共中央党校学习期间，像是开了挂，50 天写出了 30 余万字，除了读书笔记，还写了有关几家企业发展历史的初稿，让我们真正见识了才女的实力。

我在读了书稿后感触很多，她写的每一家企业我都非常熟悉，她讲的每一件事，大部分我也都知道，但我读起来仍有新鲜感，且回味无穷、受益良多。刘星讲述的这些企业故

---

① ESG（Environment,Social and Governance），又称为环境、社会和公司治理。从这三个维度可以评估企业经营的可持续性和对社会价值观念的影响。——编者注

事，是真正把自己融入其中了，好像不是在讲述别人，而是在讲述自己，讲述自己的家人朋友，让人如临其境，如沐春风。也许是因为此前有《红色财经·信物百年》的积淀，本书文字不多，却展现了每一家企业的历史纵深。讲的是故事，写的是经历，呈现出的却是企业精神价值层面的追求。

作为一名奔跑者，刘星曾亲自用脚丈量了天安门金水桥到首钢园的距离。最近她又爱上骑行了，期待她用更快的速度为我们探寻、讲述更多的企业故事。

彭华岗

中国企业改革与发展研究会会长

国务院国资委原党委委员、秘书长

自序

　　2024 年 9 月的最后一天，我面临一个选择。作为一个马拉松跑步爱好者，我除了自己跑，也与一批同好互相督促一起跑。2024 年年初，经不住大家的鼓励，我加入了一个跑团，名字叫作"飒客"。"飒客"跑团里还有个"团中团"，少数人又组织了一个"卷王"跑团。这个小跑团里，全是跑步"大神"，抬腿就是十几二十公里，3 小时出头轻松跑完一个"全马"的大有人在。加入这个跑团，就意味着要服从团规，团友要根据自身能力认领每月跑步公里数，完成无奖励，未完成有惩罚。此刻距离我本月的目标还有 21 公里多，相当于一个半程马拉松的公里数。是认罚还是出发？跑还是不跑？

　　正当我犹豫的时候，出版社编辑老师发来了本书的封面设计图，老师们将奔跑者的意向与我笔下的中国经济脊梁设计融合在了一起。创意的起点缘于此前与编辑老师的一次交流。从事财经媒体工作多年，我有机会近距离观察研究中国的企业，特别是深度接触上百家担当国民经济脊梁的国资央企。在我看来，如果用人格化的形象去描绘这些企业，它们就像马拉松赛道上的奔跑者一样，目标坚定，步伐稳健。在企业发展前行的道路上，面临各种复杂经济形势、行业竞争以及技术变革的"坡坡坎坎"，它们会不断地调整策略、积极创新、从不退缩，就像跑者在赛道上遭遇了陡坡与弯道一样，需要在疲惫时调整呼吸，不断变换步伐节奏，迎难而上。跑步，特别是长距离奔跑，考验的是体力、耐力、韧性，更要有朝着目标执着向前的信念与热忱。

今年是新中国成立 75 周年，从人均半斤铁到世界第一钢铁大国，从连车轱辘都造不了到汽车产销出口世界第一，从建国初期的"贫油国"到"油气大国"，从"万国牌"的火车到高铁跑遍世界……我们经历了从一穷二白到经济腾飞的全部历程。而支撑中国经济奇迹的背后，正是这些孜孜不倦、永不言弃的奔跑者们。我在本书中记录下 10 家企业，通过一个媒体人的视角，将它们在时代变革中的砥砺前行、在经济浪潮中的奋进姿态一一记录呈现。这些奔跑者的故事，是中国经济发展的缩影。这些奔跑者们有的在传统行业中持续深耕，在岁月的沉淀中焕发出新的生机；有的则在新兴领域中勇立潮头，引领着行业的变革与发展。希望本书能成为一扇窗，让读者看到这些奔跑者们的坚韧与不凡，看到它们的初心与坚守，看到中国经济蓬勃发展的动力之源。

在 9 月 30 日这一天，在即将迎来庆祝新中国成立 75 周年的前夕，我换好衣服和鞋，选择出门继续奔跑，这也是一次身体力行的致敬，向祖国 75 周年华诞致敬，向中国经济脊梁致敬。

刘星，于北京

2024 年 10 月 1 日

目录
CONTENTS

目录
CONTENTS

中国钢铁工业
转型发展的缩影

奔跑者

中国经济脊梁

第一章

1

首钢

奔跑地
北京　首钢园

　　2024 年 3 月的一个周六，上午 8 点 30 分，我从天安门出发，打开计步软件，开始了终点为首钢园区的"半马"。整个行程历时 2 小时 16 分钟，从天安门金水桥到首钢园区，正好是 21.0975 千米，一个半程马拉松的距离。即将跑到首钢园区的时候，远远地就能看到一行醒目的标语："首钢，一起向未来！"首钢的发展历程，就像一场马拉松一样，从祖国的核心出发，不断扩展着自己的物理半径和发展半径，跨山向海，走向世界，为打造美好生活的未来奔跑！

从天安门城楼沿长安街往西、往西、再往西，不转弯，一路笔直往西 19 千米，就是首钢园。进园再行 2 千米多，就是首钢三号高炉。作为一名跑步爱好者，我的脑子里一下蹦出一个数字——21.0975，正好是一个半程马拉松的千米数，找机会一定要去用脚亲自量一下。

　　对首钢集团有限公司（简称"首钢集团"）的情感，源自跑步，源自《红色财经·信物百年》节目，源自 ESG 主题的节目，源自一张小小的邮票。2021 年，我们在制作《红色财经·信物百年》节目时，首钢拿来的信物是"中国第一座 30 吨氧气顶吹转炉"模型。作为一个外行，我下了不少功夫请教专家才弄明白它在钢铁行业发展中的意义，进而对首钢的行业地位有了认识。有跑友推荐京西跑步打卡地莲石湖，可以顺路跑逛首钢园，我后来去跑过几次，景色的确名不虚传。

　　2023 年，我因为策划 ESG 相关的主题活动节目，算是和首钢结下了不解之缘。活动设在首钢三号高炉的 9.7 米高的平台，这是一个十分特殊的会场，在高炉圆形平台的四分之一扇面上搭起的会场，看上去十分大气、独具一格、极富视觉冲击力，可以说全世界都找不到第二个这样的会场。

今年（2024年）两会期间，我们要做一期关于发展新质生产力的节目，邀请了首钢董事长赵民革。在沟通过程中，赵民革先生展示了龙年首日封①，不同寻常的是，其中的邮票是用钢制成的，这并不是一个单纯的文创产品，而是中国邮政正式发行的，完全可以和普通邮票一样邮寄使用。

从20世纪60年代的转炉，到今天的钢制邮票，从炉火熊熊、钢花四溅的钢铁工厂，到今天繁花似锦的首钢园，我讲述的首钢故事，就从这三次节目经历说起。

⊃ 首钢园：开创新中国炼钢技术的新路线

在《红色财经·信物百年》里的百家国企中，来自钢铁行业的企业有三家：首钢、河钢、鞍钢。这三家"共和国的钢铁脊梁"，都在中国乃至世界的钢铁行业版图上留下了深深的印记。

有着百年历史的首钢，是中国最早的近代钢铁企业之一。首钢始建于1919年，当年的北洋政府组建龙烟铁矿公司，后改为石景山钢铁厂。在军阀战乱的困苦与惊扰、日本侵略者

---

① 首日封，指在邮票发行首日，贴用该种邮票并盖首日普通邮戳或纪念邮戳的信封。——编者注

的压榨与欺辱、国民党统治的腐败与昏庸中，首钢在生死线上苦苦挣扎、举步维艰，中华人民共和国成立前的 30 年，石景山钢铁厂共生产 28.6 万吨生铁，还不足后来的首钢鼎盛时期半个月的产量。直到新中国成立后，首钢才获得了新生。

当初在选定信物的时候，我们一度犯了难，百年首钢不仅有着厚重的历史积淀，伴随着中国钢铁行业的发展，又有着不少次标志性的改革突破和技术创新，信物该从哪个时期、哪个方向、哪个类型选呢？

在和首钢团队反复地研讨沟通后，最终我们一致锁定了"中国第一座 30 吨氧气顶吹转炉"作为信物。"氧气顶吹转炉"是一个非常专业的技术名词，对钢铁行业之外的人来说，它无疑很陌生，当初我也是费了很大的劲儿，在专家深入浅出地解读后才弄明白它的原理，以及它在那个年代的意义和分量。

20 世纪 50 年代以前，世界主流的炼钢技术路线一般采用的都是平炉炼钢法，就是用平炉以煤气或重油为燃料，在直接燃烧加热的状态下，将生铁和废钢等原料熔化并精炼成钢液的炼钢方法。当时平炉钢占世界钢产量的 85%，中国的钢铁企业用的也都是这种炼钢法。

1956 年秋，时任首钢前身石景山钢铁厂总工程师的安朝俊，随冶金部代表团访问苏联，了解到当时在西方国家和苏联，有一种叫"氧气顶吹转炉"的炼钢新技术。"氧气顶吹转炉"就是由顶部吹氧进行炼钢的转炉，以铁水为主原料，以纯氧作为氧化剂，靠杂质的氧化热提高钢水温度的快速炼钢法。相比之下，平炉技术不但炼钢时间长，而且燃料耗损也大。这项新炼钢技术大大提高了效率，节约了成本。新中国成立之初，百废待兴，钢铁成为新中国建设中最紧缺的物资，国家计划筹建首钢新钢厂，安朝俊在上报的方案中，把"氧气顶吹转炉"新技术运用到了新钢厂的建设中。

当时在《红色财经·信物百年》节目录制的影棚里，时任首钢集团董事长张功焰对我说："对我们钢铁行业的人来说，都知道新中国成立时钢铁行业薄弱的那段历史，我说几个数字给你感受一下。1949 年，中国的全年钢产量只有 15.8 万吨，不到当时世界钢铁年总产量的 0.1%，不够每个中国人打一把菜刀；960 万平方千米土地上的铁路主干线，没有一条能够全线通车；5 亿多人的一个国家，一辆汽车、一架飞机、一辆坦克、一辆拖拉机都造不出来。那时候真的是太难了，这种难，今天的年轻人无法想象，而且难的背后是一种痛，一种无法发展导致的匮乏的痛。"他们想要彻底改变这种匮乏带来的痛，安朝俊对"氧气顶吹转炉"新技术的坚持，是因为那时以他为代表的首钢人，坚信只有采用新技术降低能耗、提高效率，进行弯道超车，才能为新中国更快、更好地贡献建设所需的钢铁。

其实，在节目筹备的过程中，一开始我们并不希望选择

"中国第一座30吨氧气顶吹转炉"作为首钢的信物，主要有几个顾虑：一是前面提到的，我们觉得首钢发展历程中，有很多关键节点，对这一信物是否最具代表性抱有疑虑；二是这一信物太过技术化、专业化，如何让普通观众理解它背后的技术内涵，如何准确传递这一专业技术的价值和意义，这些都是难题；三是如果选择了"中国第一座30吨氧气顶吹转炉"作为信物，那么怎么将它带到现场呈现又是一个难题。我们在节目制作中，为了有更好的呈现效果，使之更具仪式感、现场感，同时更好地传递信物的精神，希望企业可能把信物的实物带到现场，比如河钢集团董事长于勇带来的是共和国第一代劳模、钢铁工人马万水使用过的采矿工具——重达6.6千克的八角大铁锤。如果实物实在太大，那我们希望能够把实物的某个关键部件带到现场，比如鞍钢集团董事长谭成旭带来的信物是新中国第一根重型钢轨，他带到现场的实物是当初保存下来的其中一段钢轨，信物的意义是它结束了我国不能生产钢轨的历史。但首钢要带来的信物是一座转炉，体积太过巨大，而且无论截下它的哪个部件或零件，既会造成不必要的破坏，又无法以局部代替整体，从而失去了意义。

当时首钢团队给出的方案是，如果选定"中国第一座30吨氧气顶吹转炉"作为信物，那么就将转炉制作成模型带到现场。实话说，我们当时不鼓励企业把信物模型带到现场，因为模型毕竟是一个替代性的物件，我们强调带原件，一方面是希望能够为观众呈现原物，另一方面也是希望"用信物讲述人"，国企的董事长出现在信物原件的旁边，能够被更好地召唤出他们的情感、情绪，而不仅仅是完成一次录制任务。

尽管在深入了解了"中国第一座 30 吨氧气顶吹转炉"背后的故事和意义之后，最终同意了把模型带到现场的方案，但对现场的拍摄效果，我始终心里没底。

张功焰董事长此前也了解到我的顾虑，他对我说："你知道'中国第一座 30 吨氧气顶吹转炉'对我们来说意味着什么吗？为什么我们坚持把它选为信物？这是首钢在没有购置国外任何技术装备，没有聘请任何外国专家的条件下，完全依靠自己的力量自主创新、自主建设的当时最先进的炼钢转炉。而正是由于它的出现，引领了我国炼钢史上的一场革命，让我国钢铁行业的效率和产量实现了跃升。首钢从诞生之日起，就将改革和创新的基因深深地融入骨子里，直到现在，我们始终坚持走技术强企之路，不断推进钢铁技术进步。这就是首钢的精神，也是这件信物传承的精神。所以尽管我带来的是模型，但看到它，想到背后首钢的改革创新精神，带来的情感和震撼一点儿都不会减少。"

听了这番话，我放心之余，也很感动。这件信物背后的故事，就这样被我们完整地记录在了节目里，接下来的故事更令人振奋。

经过几十次的汇报，首钢新钢厂的建设方案终于得到了政府和专家们的认可，并被列入了新中国《十二年科学技术发展规划》中。1964 年 12 月 24 日，在首钢新钢厂的厂房里，"中国第一座 30 吨氧气顶吹转炉"炼制的第一炉钢水完美出炉。自此，氧气顶吹转炉这一新技术开始在全国各大钢厂被推广运用，成为当时中国炼钢行业绝对领先的技术。

中国第一座 30 吨氧气顶吹转炉信物模型

之后，包钢、鞍钢等重点钢铁企业又有一大批氧气顶吹转炉陆续建成投产，使氧气顶吹转炉成为中国炼钢工业的主力。到 1998 年，我国氧气顶吹转炉共有 221 座，氧气顶吹转炉钢产量占全年总钢产量的 82.67%。直到今天，经过诸多改良发展的氧气顶吹转炉炼钢法，还是世界主要炼钢方法。

首钢人对新技术发展的远见和敢为天下先的精神，正是我国自主设计建设第一座 30 吨氧气顶吹转炉成功的关键。首钢发展的历程，也是在这样的精神指引下，一路向前。

改革开放后，首钢进入了大发展时期。1978 年，首钢钢产量达到 179 万吨，成为全国十大钢铁企业之一。从 1979 年开始，国家对国有企业进行了一系列"放权让利"的改革，首钢被列为第一批国家经济体制改革试点单位。首钢承包制成为当时全国国有企业改革的典型之一，是我国工业企业改革的一面旗帜。在生产经营上，首钢相继进行了一系列建设和技术改造，新上了一批重点项目，生产规模迅速扩大。1994 年，首钢钢产量达到 824 万吨，位列当年全国第一。在那个属于工业的时代，首钢又被称为中国钢铁的"梦工厂"。

首钢的辉煌带来了巨大的经济效益，但随之而来的环境污染问题也日益严峻。当时随着首都的快速发展，位于石景山区的首钢逐渐成为城市中的一片工业孤岛，其庞大的生产规模与周边的城市环境形成了鲜明的对比。首钢的钢铁生产带来的空气、噪声等污染问题也日益严重，对首都的环境质量构成了严重威胁。距离天安门仅 20 千米的首钢大烟囱不断向外冒出黑烟，被风一吹就飘往市区，当时甚至有了"要首都还是要首钢"的广泛讨论。

时间来到 21 世纪，北京申奥成功，改善北京环境的需求迫在眉睫，同时考虑到企业的可持续发展性，2005 年 2 月 18 日，国家发改委经报请国务院批准，正式做出批复，原则同意首钢实施压产、搬迁、结构调整和环境治理的方案，并同意在河北省唐山市曹妃甸区建设一个具有国际先进水平的钢铁联合企业，作为首钢搬迁的载体。

2010 年年底，首钢北京石景山园区钢铁主流程全面停产。纪录片《首钢大搬迁》曾这样描述老首钢最后一炉火熄灭的画面："随着三号高炉熄火时爆发出的最后一股浓烟的升起，首钢在北京城区的所有涉钢系统全部停产，结束了它在首都的工业时代。压力表归零了，管道切断了，当所有的机械停止了运转，轰鸣声不再响起。"

首钢实施史无前例的大搬迁，创出从"山"到"海"的腾挪壮举。我国钢铁企业大都建在内陆铁矿资源富集地区，随着工业化的快速发展以及钢铁产能的扩张，钢铁企业所需的各种资源严重短缺，生产成本越发高涨。首钢大搬迁，造就了中国第一座真正意义上临海而建的大型现代化钢铁基地。而位于北京石景山区的首钢园，这一 20 世纪末中国最大的钢铁厂，也开启了一场华丽的变身。

➲ "三号高炉"：注入"钢铁精神"的跑步打卡地

在首钢园区内，有一座巍峨挺立的三号高炉，被称为"功勋高炉"。高炉高 107 米、直径 80 米，1959 年 5 月建成投产，是中国连续生产时间最长的炼铁高炉，见证了首钢的辉煌，也见证了工业文明的荣耀。在一代又一代的首钢人记忆中，它就是首钢的标志。

因为首钢搬迁，三号高炉变成工业遗迹，我曾多次在跑步时经过它，仰望它，但我不曾想到有一天自己会走进高炉内录制节目。

2023 年，我们启动了 ESG 项目，满怀热情在这一领域边学边干。我们的重要支持单位之一，中国企业改革与发展研究会将于 10 月举办"ESG 中国论坛创新年会"，邀请我们在年会上发布报告并录制一期节目。他们选定的年会举办地点，居然是首钢三号高炉 9.7 米平台，这让我大感意外。尽管知道高炉内已经被拓展成为新的空间，但我对在这里能否录制一场节目仍感到怀疑：就算能，它拍摄录制的难度肯定也要比正规的活动场所大很多，付出的成本和精力也更多。这场年会是否一定要在这里举办呢？

在活动举办前，我特意又到首钢园跑了一次步，跑步结束后，我请首钢的工作人员带我到三号高炉里面去看一看。

首钢园远景

高炉里原有的主体钢架结构依然保留，走进其中似乎还能够感受到这座高炉在满负荷运转时的火红激情。巨大的空腹钢架纵贯在高炉里，高炉核心处的 9.7 米平台，正是我们将要搭建舞台举办活动的地方。光影透过玻璃和开放的露台照进来，让这个半室内的"高炉秀场"显得更加与众不同。

活动举办时，正值北京秋高气爽的一个下午。空气清冽，蓝天透亮，阳光明媚。在活动中，首钢集团董事长赵民革做了主旨演讲，他是这样开场的："热烈欢迎大家今天相聚首钢园，这个园子是 1919 年由北洋政府投资建设的，在 1994 年的时候，这个钢厂是我们国家当时最大的钢铁企业，今天我们在这里举办 ESG 的论坛，恰恰是我们把过去的工业元素和现在的城市功能紧密地结合在一起的体现。我们这个地方不但可以举办论坛，还举办过很多场时装秀和高炉交响音乐会。

非常欢迎大家将来更多地关注这个地方。首钢在实践中深深认识到，ESG 理念与新发展理念高度契合，是企业和社会对可持续发展的共同追求。我们将自觉地把环境、社会和治理理念深度融入企业战略决策和生产经营全过程中，加快打造中国式现代化的首钢场景。"伴随着活动的进行，有一缕阳光从高炉外斜斜地照射进来，打在嘉宾演讲舞台侧面，像是为这座记载着共和国钢铁记忆的高炉勾勒光影，也像是为今天舞台中央的中国企业打上一束致敬的追光。

作为在首钢工作了几十年的老首钢人，赵董事长经历了首钢的变革、搬迁到园区改造的发展历程。他这样告诉我："今天这是一场名副其实的 ESG 活动，我们是在 ESG 实践成果的载体里、典范案例之中探讨 ESG，别开生面，意义非凡。事实上，搬迁改造后的首钢园，这一历经辉煌的北京西部规模最大的工业区，作为打造工业遗存再利用的典范和城市复兴新地标的探索，本身就是 ESG 最典型的卓越实践行动。"

我问赵董事长："现在在全世界范围内，包括在中国，也不乏过去传统产业厂房腾退搬迁之后，打造成工业博物馆或者文化产业园区的案例，虽然不能说都大获成功，但似乎模式也有相似之处。首钢园的'新生'或者说改造，和其他老厂区转型改造有什么不一样？"

为了让我更好地了解首钢园区的实践改造，赵董事长特意邀请我和首钢集团副总经理王世忠一起聊聊。当时，首钢搬迁留下了 8.63 平方千米的开发空间，该区域紧邻北京母亲河永定河，背靠西山山脉，是当时北京市城六区内唯一可大规模、联片开发的区域。可问题是如何开发利用好这一区域？像三号高炉这样的工业遗存是否还要保留，如何保留？

提到工业遗迹成功改造的世界典型，最有名的当属老牌制造业强国德国的鲁尔工业区。鲁尔工业区形成于 19 世纪中叶，被称为"德国工业的心脏"，煤炭和钢铁工业是鲁尔工业区的两大工业支柱，在第二次世界大战后对联邦德国经济的恢复和腾飞起到了巨大的作用。不过自 20 世纪 50 年代以后，由于全球能源配置比例调整和产业结构单一，鲁尔工业区境况迅速衰退。为了持续化发展，德国政府通过调整产业结构对老工业区进行改造，实现了经济结构转变和产业转型。鲁尔工业区也成为联合国教科文组织评定的、世界上第一个以工业旅游为主题的世界文化遗产。

当初首钢园区进行规划改造时，首钢的负责人也曾去鲁尔工业区进行参访学习，最后得出的结论是：首钢园的改造无法完全复制鲁尔模式。国外的改造方式是利用工业资源建成大型工业旅游主题公园，后续依靠政府补贴来维护。首钢园区作为城市更新的主体，没办法照搬，他们需要做的是对工业建筑植入新功能，盘活资产，产生经济效益，形成可持续的发展模式。

　　相比新建建筑，改造项目在结构形式和施工技术上更为复杂，节能、抗震、消防等指标在工业改民用建筑上难度也更大。换句话说，改造比新建费事多了，投入也大多了。也曾有人提议，参照798艺术区来改造首钢园区，将厂房直接交给艺术家和文化机构租用改造。但首钢跟798艺术区相比有一个很大的区别：798艺术区以厂房为主，而首钢厂房很少，多是高炉、筒仓、料仓等工业设施，改造起来复杂程度和难度更大。而且一旦改造失误，将无法弥补很难修复。但这反过来也是它的优势，一旦改造完成，会更有震撼性和独特性。

　　首钢的管理层也希望能够更多保留地块内工业建筑物，这就需要创新性地采取统筹集中建设的方式来解决，最终他们确定了园区在总体规划下进行创新改造的思路。2014年，首钢委托中国工程院等组织开展了城市风貌研究，由徐匡迪院士牵头，吴良镛等5位院士领衔，在保护和利用工业遗存的基础上，探索"城市复兴"新路径，建立建筑风貌评价体系，从文化遗产保护的角度，对首钢园区的未来风貌保护进行指引。

　　首钢园区的改造探索，还吸引了一位国际友人的到来，他的到来也将成就首钢园的一段惊艳世界的佳话。这位国际友人就是时任国际奥委会主席托马斯·巴赫，赵董事长告诉我，早在北京冬奥会举办之前，巴赫就曾到访首钢园，看到改造后的高炉，他大加赞赏，称这里是可持续再利用的典范，这也为几年后首钢与冬奥会别开生面的合作，打下了良好的基础。

2022 年，举世瞩目的北京冬奥会上，有超过 20 亿的观众收看了转播。全球的观众可能没听过首钢园，却不会不知道距离三号高炉不远处的首钢大跳台。这里可以说是本次冬奥会最受关注的明星场地之一，谷爱凌就是在这里一跃成名，这也是单板大跳台滑雪运动在全球的第一座永久跳台，也是冬奥会历史上第一座与工业遗产再利用直接结合的竞赛场地。冬奥会推动了首钢体育产业的布局，也让首钢园区的发展方向更加清晰。

在和赵董事长等人的交流中，我找到了一个关键词：资产。如果说在首钢园区的改造中，他们探索出了一条独特的发展之路，那么我觉得是因为他们抓住了"资产"这个关键词，理解了资产的含义，真正做到了转化、盘活。从新中国成立初期到首钢搬迁之前，以三号高炉为代表的大型工业设施，无疑是首钢甚至整个钢铁行业重要的有形资产，它们为新中国的建设打造了坚实的钢铁脊梁。搬迁之后，尽管炉火已经熄灭，但三号高炉的"身躯"犹在，它成为首钢的象征、钢铁行业火红时代的精神象征。将无形的精神资产转化成有形的资产，高炉化身为更生动的载体，它可以加科技、加人工智能、加元宇宙、加创新创业，打造不同的使用场景，满足不同的需求场景。首钢园实现了工业文化的传承和可持续再利用，走出了一条将工业遗迹和现代文明有机结合的城市更新道路。

➲ 百年首钢：一枚特殊的邮票，一场未完的奔跑

2024 年 2 月的最后一天，全国两会召开前的一个周四上午，我来到了位于石景山区石景山路的首钢园办公所在地。首钢虽然已搬迁，但这里仍然是首钢总部的核心部门。今年我们策划了一期两会特别节目，邀请两会代表、委员谈"新质生产力"。第十四届全国人大代表、首钢董事长赵民革应邀参加节目的录制，我的此次拜访是做录制之前的深度沟通。

上次来首钢和赵董事长进行工作交流，是在三号高炉举办 ESG 活动，在首钢园赵董事长的办公室见面还是第一次。不同于其他场合见面的着装，这次赵董事长穿着一身灰蓝色的工装制服，衣服的右侧口袋处印有首钢的标识，款式有点类似钢铁产业一线的工服，他身边的同事也是同样款式着装。事实上，尽管工服的款式还是那么朴实，但今天中国的钢铁行业已然发生了颠覆性的变化，从业者的状态和理念也如此。

赵董事长谈到了一组数字：当前中国钢铁行业已经连续

4年年产量突破10亿吨量级，位居世界第一。我们是全世界最大的钢铁供给国，同时也是全世界最大的钢铁消费国，这在几十年前是不可想象的。

从当年的缺铁少钢，到如今产量全球第一，中国钢铁行业在几十年内实现了量的飞跃。当下行业又面临着新的转型升级节点，这也让赵董事长对"新质生产力"这一重要概念，有了切肤之感和深刻理解。新质生产力的核心之一是创新，创新包括技术的创新、管理的创新、制度的创新。对于钢铁行业来说，技术的创新在当下尤为重要。

赵董事长拿出了一份首钢的文创伴手礼，这是一套中国邮政已发行的龙年生肖邮票，轻巧鲜艳，寓意祥瑞。赵董事

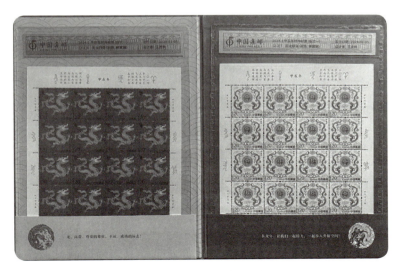

龙年生肖邮票（蝉翼钢）

长热情地让我上手触摸邮票:"你摸摸看,有什么不一样?"我一摸之下,这套邮票似乎比普通的纸质邮票厚了那么一点,也就是邮票厚度上的手感区别,拿在手上的分量并没有明显的不同。赵董事长为我普及:"这叫'蝉翼钢',是我们首钢京唐(钢铁联合有限责任公司)做的,也是'蝉翼钢'首次被用于印制生肖邮票。"我问:"那它还是邮票吗?还能当作邮票使用吗?"赵董事长很得意地说:"这就是真正的邮票,是可以贴到信封上邮寄使用的,这种'蝉翼钢'的厚度堪比普通 A4 纸,最薄的只有 0.06 毫米,今天你拿到的邮票厚度是两根头发丝的厚度,而我们这款产品里最薄的是一根头发丝的厚度——60 微米。之所以叫'蝉翼钢',是因为它的最大特点是薄如蝉翼,这是首钢镀锡板极薄规格产品系列的一个统称,该钢种的特点是'薄如蝉翼、光似镜面、坚硬如铁、柔韧如松',因此在开发过程中对钢质纯净度、力学性能、厚度精度、板形和表面质量要求极高,是首钢钢铁产品绿色、减薄发展的'代表作'之一。这小小一枚邮票背后的'蝉翼钢',包含 300 多个小工序、上千个质量控制点。"

那费这么大劲儿生产出的"蝉翼钢",就是为了做邮票?它还有什么其他应用场景吗?其实,"蝉翼钢"主要应用于 5G 基站、5G 信号滤波器、高频接收器以及新能源汽车电池中枢平衡器等高端电子设备,文创产品是一个溢出的应用场景。它既让极具中国传统文化特色的生肖邮票由此打上了"中国钢铁制造"的烙印，也是我们今天中国钢铁行业科技实力的最生动表达。

当下我建议："赵董事长，你要带着这套邮票到录制现场，把刚才跟我介绍的这一套再'场景还原'一下，今年是龙年，龙年对中国人来说意义非凡，这套特殊的邮票一定会给观众留下深刻印象，对我国钢铁行业的科技硬实力和新质生产力的理解更生动！"

从某种意义上来讲，应该说这枚让我惊叹、让赵董事长自豪的邮票，也是当下中国钢铁行业产品结构调整的一个缩影。在激烈的竞争中，科技创新的角色越来越关键，钢铁行业每次突破关键产品的制约，都能带动支撑一批下游用钢产业的发展和升级换代，为中国制造向产业中高端攀升提供牵引。

首钢的技术创新还不止如此。接下来，赵董事长给我讲了一个饲料和钢铁的故事。

"你知道，在动物养殖中，哪种动物对饲料要求最高吗？"面前的赵董事长突然向我抛出了一个我认为对他来说也是相当跨学科的问题。赵董事长娓娓道来："鱼对饲料要求非常高，鱼饲料也是检验饲料品质好坏的试金石。现在在市场上有一种鱼饲料蛋白非常受欢迎，但它不是用粮食做的，而是用我们钢铁厂冶碳过程中产生的尾气合成加工出来的。"赵董事长说的这种神奇的技术，就是首钢集团的子公司——

首钢朗泽（科技股份有限公司）用冶碳过程中产生的尾气合成加工的鱼饲料蛋白，已经拿到了农业部的第一张饲料原料新产品证书。

这是首钢在冶碳过程中，通过合成化工技术形成的一个新赛道、新产品，把饲料和钢铁厂这两个看似八竿子打不着的名词联结在了一起。想要让钢铁工业尾气产出饲料蛋白，一种叫"乙醇梭菌"的微生物菌种是关键。该菌种提取自兔子粪便，这些细菌会在发酵罐里不断生长繁殖，吃进去的是尾气，几十秒的时间后，吐出来的是生物乙醇和饲料蛋白。首钢的科学工作者们经历几十轮的试验，将世界科学家几十年潜心研究的实验室技术中试转化成功，首钢朗泽也成为全世界第一个实现以钢铁工业尾气制成饲料蛋白和生物乙醇的企业。

饲料蛋白长得和我们平常吃的蛋白粉很像，都是白色粉末。我们买蛋白粉，通常是为了健身增肌，因此会很注重蛋白含量，动物饲料也很关注这一指标。生物乙醇作为绿色低碳燃料，既可直接添加到汽油中，也可作为船用燃料，还可通过二次加工转化为可持续航空燃料，能够有效减少二氧化碳和污染物排放。我国工业尾气资源丰富，利用 10% 的钢铁冶金、石化炼油、电石尾气可年产乙醇 1000 万吨，饲料蛋白 120 万吨，相当于每年节省粮食 3200 万吨、节约耕地 8000 万亩。

赵董事长说："像这样的技术创新，我们前期都要做大规模的研发投入，在满足社会对我们产业生态性要求的同时，也要统筹好我们产业的竞争力，实现生态性、安全性和经济性统一。"

从"中国第一座 30 吨氧气顶吹转炉"到重获新生的"三号高炉"，再到"邮票钢""尾气鱼饲料蛋白"，百年首钢一路奔跑，持续探索。

2024 年 3 月的一个周六，上午 8 点 30 分，我从天安门出发，打开计步软件，开始了终点为首钢园区的"半马"。整个行程历时 2 小时 16 分钟，从天安门金水桥到首钢园区，正好是 21.0975 千米，一个半程马拉松的距离。即将跑到首钢园区的时候，远远地就能看到一行醒目的标语："首钢，一起向未来！"首钢的发展历程，就像一场马拉松一样，从祖国的核心出发，不断扩展着自己的物理半径和发展半径，跨山向海，走向世界，为打造美好生活的未来奔跑！

第二章

2

水润万物，生生
不息的力量

奔跑者

中国经济脊梁

华

润

　　这次是华润万象生活的同事们，邀请我参加在南江希望小镇举办的乡村振兴公益活动启动仪式。知道我跑马拉松，她们告诉我，这里也将举办一场公益慈善马拉松，而且此处景色优美，山水相映，湖水静谧，山色苍翠，保证让我这个"跑马"人士不虚此行。为了进一步"诱惑"我，她们一口气发来好多希望小镇的照片。照片中的南江希望小镇果然如她们所说，透露出世外桃源一般的宁静之美。但在众多景色优美的照片中，却有一张朴素的照片赫然于眼前，深深地吸引了我，照片中是在南江希望小镇门口一面黄色土墙外竖立的 12 块小木牌。

华润集团有限公司（简称"华润集团"），从前身成立于1938年的香港"联和行"，到1983年改组成立华润（集团）有限公司，再到2003年归属国务院国资委直接监管，被列为国有重点骨干企业，历经80余年，华润在烽烟弥漫的战争年代中诞生，在如火如荼的新中国建设大业中成长，在风雷激荡的改革开放大潮中发展壮大。华润一路走来，与祖国风雨同路，与时代命运与共。作为一家大型央企，华润凝聚了红色文化、传统文化、商业文化中的优良因子，始终担负着举足轻重的责任，与家国和时代共存。

我对华润的认识，可能和很多人不太一样。这家总部设在香港湾仔港湾道26号的公司，背后闪耀着一连串耀眼的数字：2013年就已居世界500强企业的第187位、总资产近万亿港元、在香港拥有5家上市公司、内地直接控制6家A股上市企业。如今的华润，从香港到内地直至海外，都已是如雷贯耳的商业巨头。华润的体量规模排名，综合实力自不待言，华润缔造的商场传奇，大家也耳熟能详，有太多的人分析过、解读过、讲述过。但我想跟读者分享的是，关于它的两个最打动我的故事，这些故事让我流泪，也让我心生敬意，这些故事可能跟你了解到的华润不太一样，但它是真实存在又深深打动过我的吉光片羽。

对华润这家企业，因为做节目的缘故，我与其多任董事长都对话过，也学习过很多有关它的文章，但真正认识华润，却是从一件马甲开始。这个故事，我们在电影院里放映过，我也一次又一次地讲给很多人听过，每讲一次仍是感动。再之后，我做 ESG 项目，2023 年发布首份"中国 ESG 上市公司先锋 100 榜单"，华润旗下上市公司竟有多达 6 家入选，让很多企业"羡慕嫉妒恨"。华润拥有众多业务板块，几十万员工，为何又如此有凝聚力，将 ESG 从理念到实践，贯彻到每一个业务单元，甚至是每一位员工的行动上？我触摸过的、感受过的华润希望小镇的故事，给了我一个可能性答案。可能很多人都听说过华润的希望小镇，但真正打动我的是一张照片，是一群孩子的笑脸，和他们背后的故事。

从创办之初的马甲，到 13 座希望小镇，我找到了我理解的华润进化方法论。从前的马甲故事是往前走，现在的希望小镇故事是往宽里走，往世界走，往更广泛的利益相关方走。华润创办之初用"信仰"为起点，这也成为华润贯穿始终的发展基因，现在的华润以"希望"为"方法论"，联结起华润的庞大业务板块，形成聚合力，助力希望，把扶贫攻坚、乡村振兴的故事，讲出了全球治理的中国方案，不光赋能乡村发展，又反过来哺育了华润的发展，形成了生生不息的内生动力，如水润泽万物。

➲ 价值万金的马甲：信仰的力量

"初心不变，信物百年！大家好，我是今天的信物讲述人。我代表有 83 年历史的华润集团，带来这件特制的马甲，请看——

"它极其普通，但在华润人心里，却非比寻常。他的主人就是华润前身'联和行'的创始人杨廉安。在抗日战争局势最为紧迫的 1942 年，杨廉安保护着它，穿越八千里战火，完成了一个常人难以想象的壮举。"

仿制杨廉安 1942 年运送资金的夹层马甲
材质：棉
尺寸：50cm×40cm
内侧夹缝口袋若干
根据历史描述还原制作，存放于华润档案馆

这是我们在建党百年之际，推出的百集微纪录片《红色财经·信物百年》第二集，"信物守护人"华润集团董事长王祥明在我们节目的摄影棚里录制时说的第一句开场白。那天，他专程从华润总部香港赶来录制现场，他带来的企业"信物"是一件发黄的、其貌不扬的马甲。因为需要提前设计好信物在现场的摆放方式和镜头中的呈现角度，这件马甲先于王祥明董事长一天到达北京，由华润的员工"先头部队"护送而来。不同于大多数信物，马甲的质地"软趴趴"，为了更好地安放它，我们专门做了一个亚克力的底座来承托它，正式录制前，要提前单独试拍一下。整个拍摄过程中，华润的护送部队都很紧张，看样子是怕导演和摄像弄脏弄坏。我悄悄问导演："这件马甲不会真的是 1942 年杨廉安穿的那件吧，经历过战火纷飞还能保存下来，那也太神奇了吧！"导演也悄悄回答："这件不是原件，是后来的复制品。"尽管我们一问一答声音很小，还是被华润的人听到了，他们很认真地解释："虽然这不是原件，却是我们采访相关亲历者，根据描述一比一还原的，包括衣服上口袋的位置，针线的缝制，都是原样复刻。"那个时候的我们，还没有理解华润人认真解释连口袋针线都要一比一还原的用意，直到后来我们一遍又一遍地重温那段历史的每一个细节，才明白他们执着认真的由来。

　　第二天录制的时候，王祥明董事长看着摆在身边的马甲，认真地对我说："我还是第一次这么近距离地和这件马甲待在一起，也是第一次这么长时间地和这件马甲在一起。"正如他所说，这件马甲虽然普通，在华润人心里却非比寻常，每一位华润人，都知道这件马甲的故事。我们拍摄了两个多小时，在一遍遍重复的拍摄中，王祥明董事长饱含深情，把马甲的故事也说了一遍又一遍，也把我们带回到了那个战乱频发的年代。

1931 年九一八事变，日本侵华战争爆发。中华民族陷入了前所未有的危亡时刻。作为华润前身的联和行，是中国共产党在海外成立的第一家实业公司。成立以来为苏区和抗日前线提供了包括电台、药品及医疗器械等紧急物资 120 多吨，资金 500 万美元。

杨廉安，原名秦邦礼，中国共产党早期领导人之一博古（秦邦宪）的胞弟。早在 1938 年，他奉命从延安到香港开办了联和行，配合"保卫中国同盟"和"香港八路军办事处"，为中国共产党领导的抗日力量筹募经费、运送物资。在旁人眼中，联和行老板杨廉安一直是一位成功的商人。但在杨廉安心中，却铭刻着自己的特殊身份。

1941 年 12 月 8 日 7 点 20 分，48 架日军轰炸机组成编队猛烈轰炸香港。12 月 25 日，随着香港的沦陷，联和行失去了与上级组织的一切联系。联和行暂存的大量资金，以及一家妻儿老小的生命安危，都成为摆在杨廉安面前的难题。作为一个父亲，一个丈夫，杨廉安做出了艰难的选择：他让妻子王静雅挑着两个箩筐，一头装着不满一岁的儿子，一头装着仅有的家当，带着年迈失明的小脚婆婆，领着一家七口和难民一起逃离香港，从此失散多年。

孤身一人的杨廉安回到了联和行的小阁楼里。他亲手缝制了一件马甲，把所有资金卷成小卷，塞进一个个小口袋里，将沉重的马甲穿在身上，保护着联和行大额资金和党的经费，一路撤退到了广州。杨廉安通过沦陷区广州，躲避着日军的重重封锁，踏上了前往重庆的漫漫长路。他最终走进了重庆，找到了当时中共南方局负责人，也是五年前鼓励他去香港创办联和行的周恩来，将这件马甲里带出来的资金分文不少地交给了组织。

这件马甲的复刻版，就是华润董事长王祥明身边的"信物"。在导演的文稿里有两个字，结合整个解说词上下文来看，这两个字完全是没有必要的同义词重复，并且也是很容易被忽略的极其普通的词，但在看了成片之后，我们最终坚持保留了这"多余"的两个字。它来自这段解说词："他脱下掩护身份的西装，以难民的装束，融进了徒步向西的逃难人群。他穿过了日军侵占的广州，穿过战火硝烟中的南宁；他穿过了紧张备战的桂林，穿过山路蜿蜒的整个贵州；他跨过珠江、西江、长江，翻越南岭、武陵山、大娄山，从初春走到深秋。杨廉安穿着它，乔装成难民、乞丐，不停变换着身份，甚至扮装成和尚，一路化缘，吃着残羹剩饭，也没有动党的资金，一分都没动，没有。"

一分都没有动，没有。"没有"就是那多出来的两个字。

写到这里，我有些忐忑，甚至有一点不好意思。我不知道读者能不能感受到这两个字的意义。它是创作者真情实感的延长线，它像是喃喃自语，又是对穿过六个月时光，八千里山川的杨廉安，从心底流淌出的致敬。每每向没听过这个故事的人讲述这段对当事人来说绝对惊心动魄的经历时，重复着他"一分都没有动"的细节，我都会泪湿眼角。这是杨廉安的坚守，是华润人的信念，也是共产党员的初心。

在每次录制信物之前，我都会与"信物守护人"——带来信物的董事长们进行少则半小时，多则一小时的"沉浸式"沟通，我们想要他们回答的问题是"我是谁，从哪里来，到哪里去"，而华润人更深刻地回答了"我是谁"这个问题。我告诉董事长们，信物的信，代表信心、信念、信仰。大多数人因为看见才相信，而有人因为相信而看见。这些人，就是像杨廉安这样的人，他们行走在战火硝烟中，行走在重重危险里，行走在苦难深重的中国大地上，行走在未知的迷雾中，他们怀揣理想，坚守信念，抱持信仰，让更多的人看到了连他们自己也不曾想象到的美好生活。

正是这件马甲见证了在民族危亡之际，华润人一次次突破敌人的封锁，用贸易支援前线，从土地战争、抗日战争、解放战争到和平建设时期，打通了一条又一条贸易通道。在寻找和回顾华润的发展历程中，有太多这样的故事，也有很多像杨廉安一样的华润人，以自己的方式默默贡献力量，他们构成了华润的发展史，也构成了党的光辉历程。王祥明董事长告诉我，因为特殊使命的需要，第一代华润员工大都为化名，他们中的很多人，真名迄今不为人知。在经受着血与火淬炼的中国，华润这家央企因为特殊的使命，其员工能更深刻地理解，什么是信仰的力量。

1948 年 12 月 18 日，联和行扩大改组，改名华润公司，以私人合伙的无限公司名义正式在香港申请注册成立，注册资本 500 万港元，地址设在毕打行六楼。华润二字意味"中华大地，雨露滋润"，英文名 China Resources。改组后的华润公司打通贸易通道，以配合三大战役采购军需物资。辽沈战役后，东北局实行了统购统销政策，收购的当地物资通过华润控制的货轮运抵香港、转销海外，换取的外汇则用于购买军用物资，支援解放战争。这种战时经济模式，新中国成立后推广到全国，成为计划经济时代内地与香港贸易往来中的重要形式。

随着新中国的成立，华润也迎来了新的发展机遇。从联和进出口公司的改组，到华润（集团）有限公司的成立，再到被列为国有重点骨干企业，华润不断壮大，业务领域也不断拓展。曾经的 1938 年在香港成立时仅有 3 人的小商号联和行，今天已经是拥有员工近 40 万人的多元化控股企业集团。正如那个小小的商行，变成了今天的超级公司一样，中国也从一个积贫积弱的国家，变成了世界经济舞台上的重要力量。

《红色财经·信物百年》的百集纪录片中，华润的信物故事是我们最先一批录制的。因为这部纪录片的拍摄方式是前所未有的创新之举，以"信物"作为切入点，让100位当家的央企董事长以"信物守护人"的身份在镜头前亲自讲述，此前从未有人这么做过；到底能不能做成，企业能不能找到真正的"信物"，并且能不能找到100个，董事长们对它的理解和讲述能否到位，在最开始的时候，说实话我们心里非常没底。我们先向3家企业征集"信物"和信物故事，想看看我们的想法是否能够行得通，华润就是其中之一。结果，华润的这件马甲，以及董事长对他的解读，让这8分钟充满了张力，令人信服、令人感动，这也坚定了我们采取这种方式继续制作下去，而且要在建党百年时制作出100集的决心和信心。我们还在保利影院举办了一个点映式，选取了最早录制的3期纪录片（华润、招商局、中核集团），邀请嘉宾和媒体同行前来观影。

影院灯光暗下，大荧幕开始播放这部片子，这一刻我心中涌起的情感有自豪，有敬意，有感动。"杨廉安穿着它，乔装成难民、乞丐，不停变换着身份，甚至扮装成和尚，一路化缘，吃着残羹剩饭，也没有动党的资金，一分都没动，没有。"尽管已经看过很多遍，但再一次听到这句"一分都没动，没有"的解说词时，我的眼泪依然忍不住夺眶而出，这是为在那个年代众多像杨廉安一样为新中国付出辛劳，付出汗水，甚至付出生命的每一位先辈而流。因为他们的信念让我，让我们得以拥有了今天的美好生活。

➲ 金寨希望小镇的野菊花：希望扎根土地的力量

录制"信物"纪录片之后，再次和华润王祥明董事长在节目中相遇，是在 2023 年底的首届《中国 ESG 榜样盛典》。这一次，华润在我们总台举办的"中国 ESG 榜样盛典"中荣获"十大榜样企业"殊荣，这源于华润格外亮眼的 ESG 成绩单。而在这张成绩单上，最为突出的卓越实践之一，是一个对于华润人来说非常值得自豪的"作品"——"希望小镇"。

说到对华润这个特殊"作品"的了解，还源于上次录制"信物"节目之后，王祥明董事长跟我聊到了他们的希望小镇模式。我以前听说过华润希望小镇，一直以为这只是和其他央企一样，是企业助力脱贫攻坚、乡村振兴的一项行动，但听了他的介绍之后我发现远不止如此。惊讶之余，也很佩服。我说此前还真是了解不深，结果王祥明董事长显得比我还惊讶，他说："刘星，你对我们央企那么熟悉，对华润也那么熟悉，居然不了解希望小镇模式，这个'课'你一定要补上。"

王董事长告诉我，希望小镇在华润人心里有着特殊的地位、特殊的感情。希望小镇缘于华润集团的一次动议。那是

2008 年，时值华润成立 70 周年，集团筹备了 70 周年庆典的
活动经费，但汶川地震不幸发生，当时的集团领导班子决定
利用这笔经费，加上业务单元和员工捐款，做点更有意义的
事，于是就有了华润"希望小镇"的开始。令人没想到的是，
这一动议，从开始到现在居然坚持了 15 年。15 年来，华润已
累计捐资超 12 亿元，以"环境改造、产业帮扶、组织重构、
精神重塑"为四大愿景，在全国贫困地区和革命老区建设希
望小镇，自 2008 年启动建设第一座百色华润希望小镇以来，
15 年来已经从 1 座小镇发展到现在已建成以及建设和规划中
的 17 座。

　　华润希望小镇也不是从一开始就是现在这种模式，在发
展过程中也面临过很多难题。其实在乡村振兴工作中，如何
形成造血式、可持续的帮扶模式，是华润与众多央企面临的
挑战。有研究者把这个挑战比喻为央企这条"高压线"碰到
了乡村这条"低压线"。意思是说，国资央企是大资本，乡村
是复杂的、小规模的，如同万伏高压电流对接小家电，功率
太大不匹配，一进乡村就直接给"烧毁"了。央企强调资产
回报、规模效益，在开展乡村产业帮扶时，乡村资源禀赋与
企业产业匹配度不高，导致一来形不成资产，二来无法规模
化，难以形成持续性的商业模式，难以形成造血式、开发式
帮扶。经过战略检讨，现在华润集团在乡村振兴工作上也形
成了一致思路，那就是一方面挖掘地方资源禀赋，另一方面

嫁接企业产业链。实现两者结合，就会由点到线，产业链延伸，激发、活化乡村产业，进入产业循环。

王祥明董事长在华润的这些年，经常到访全国各地的希望小镇。他说，每次走在新农村的大道上，看到村民脸上洋溢的自信笑容，心中充满了感动、感恩和自豪。他建议我："有机会你最好能够亲自去小镇走走看看，在此之前，我让同事们先给你好好介绍一下。"

此后，不断有华润不同业务板块的负责人来找我，看来势必要让我成为"希望小镇专家"。在了解了那么多希望小镇的故事之后，我还一直未能去小镇看看。有一天，第12座希望小镇要开张了，这次是华润万象生活的同事们，邀请我参加在南江希望小镇举办的乡村振兴公益活动启动仪式。知道我跑马拉松，他们告诉我，这里也将举办一场公益慈善马拉松，而且此处景色优美，山水相映，湖水静谧，山色苍翠，保证让我这个"跑马"人士不虚此行。为了进一步"诱惑"我，她们一口气发来好多希望小镇的照片。照片中的南江希望小镇果然如她们所说，透露出世外桃源一般的宁静之美。但在众多景色优美的照片中，却有一张朴素的照片赫然于眼前，深深地吸引了我。照片中是在南江希望小镇门口一面黄色土墙外竖立的12块小木牌：上面是华润旗下众多板块，写着不同业务公司的名字；从左往右，依次是华润燃气、华润雪花啤酒、华润化学材料、华润电力、华润水泥、华润怡宝、

南江希望小镇

华润医药、华润金融、华润物业、华润置地、华润建筑，最后是这家希望小镇的轮值负责企业：华润万象生活。

华润打造的每一家希望小镇都是如此，不同的业务板块子公司主导牵头不同的希望小镇，但又能整合整个华润体系，打通资源，赋能小镇。用"希望"赋能小镇，从社会责任到可持续发展，串联反向贯通华润的发展。可以说，这张没有风景的南江希望小镇照片，一下子解答了一个我长久以来的疑惑，也简明扼要地回应了王祥明董事长对我说的话——华润"希望小镇"的模式，究竟有什么不一样。

南江希望小镇的 12 块小木牌

　　我一直觉得，华润是一家很"神奇"的企业，构成神奇的部分有它的红色基因、特殊使命，也有它的改革发展历程、全球市场竞争力，还有它在八十多年的发展过程中，形成的聚焦民生领域的多元化产业版图。

　　因为做节目的缘故，跟华润人打交道也有十几年了，我常常开玩笑说，虽然做了那么多次节目，工作和生活中也经常和华润人互通有无，但还是会在某些时刻惊叹于华润的体量规模。华润集团办公室的负责人来北京，有时间都会相约出来聊聊，同步一下最近的发展状况。每次相聚人数都不少，见面的时候，集团办公室的负责人都会带来不同板块的负责人，就是为了让我能更充分地了解华润。但神奇的是，到现在为止，我还没有认全华润业务板块的核心负责人，可见它们体系之庞大。

我们来看看这样一组数据，根据《华润集团 2022 年度可持续发展报告》："华润业务涵盖大消费、综合能源、城市建设运营、大健康、产业金融、科技及新兴产业六大领域，实体企业 3077 家，在职员工约 37.5 万人。"所以我一直也有一个疑问，像华润这样拥有众多业务板块、众多企业、众多员工的多元化集团企业，社会责任该如何落到实处？专业化企业可将一套机制从上到下应用，而多元化集团企业涉及各行各业，社会责任主题不尽相同。总部可以从价值观引导，但如何考核、如何量化是个难题。

希望小镇的诞生，从某种程度上，破解了上述难题。多元化的华润系企业，在希望小镇里各有用武之地，得以大展所长。华润置地及旗下华润万象生活结合自身物业管理资源和城市社区服务经验，全面承担建设和运营工作，他们在将旧民居原地进行翻建，整体统一规划的同时，也融入当地民居特色；华润水泥运来了水泥，带动村民共建水泥康庄路；华润电力和华润燃气为希望小镇新建发电站和沼气站；华润万家超市利用市场销售终端的优势，通过农超对接产业帮扶，大力扶持富有地方特色、能与华润产业发展相结合的种养业，推动当地农业发展模式向可循环发展的生态农业方向转变；华润医药、华润怡宝、华润金融等华润业务板块也都发挥自己专业赛道的能量，横向打通，纵向到底，为共建希望小镇贡献力量。在中央广播电视总台《年度 ESG 行动报告》发布的"中国 ESG 上市公司先锋 100 榜单（2023 年）"中，华润旗下 6 家上市公司荣登榜单。我们的榜单是基于一套科学、客观、专业的评价体系，对上市公司在环境、社会、治理方面的责任理念和实践进行评价。在拿到榜单的时候，我既惊讶又"无奈"。我跟王祥明董事长开玩笑说："你们的这份成绩单，得让多少企业'羡慕嫉妒恨'啊，我还想着不能让你们太拉'仇恨'，但我们的榜单是一份客观公正、经得住检验的榜单，想把你们拿下去一家都不行！"王祥明董事长也笑答："感谢你们的认可，这说明我们做得还不错，不过我还觉得只有 6 家太少了，我们集团的上市公司现在又'卷'起来了，准备到明年排名和数量都努力再升级一下！"

2022 年，华润召开华润希望小镇专题研讨会，明确了希望小镇政治性、公益性、非商业模式的属性，开启了希望小镇建设、管理和运营的新探索。目前，华润在百色、金寨、延安等地建成的 11 座希望小镇已全面移交给地方相关部门。"扶上马，送一程"，为做好过渡期间的管理和运营，确保建设成果稳固可持续，华润创新提出业务单元一对一帮扶希望小镇的新模式，从 11 家优秀的下属企业选派了业务骨干担任"轮值镇长"，为希望小镇的基层治理、产业发展持续注入新动能。

为了让我更好地理解华润轮值镇长的职责，他们给了我一份《华润希望小镇轮值镇长工作手册》，经他们同意，我把其中印象深刻的一些细节记录下来，与大家分享。这是一份非常详尽、图文并茂的手册，对镇长来说是一份工作指南，对外界的人来说，就是一份"镇长说明书"。

手册里第二部分是《华润集团各业务单元与华润希望小镇结对帮扶管理细则（试行）》，里面注明："本细则提到的结对帮扶工作是指集团各业务单元与已建成的华润希望小镇开展的一对一帮扶工作。结对帮扶政策计划设置 4 年帮扶退出期，针对已建成的希望小镇自该细则执行后实施 4 年帮扶期；针对未竣工小镇自竣工后开始实施 4 年帮扶期。"也就是说，集团每个业务单元都有自己认领的希望小镇进行结对。在选派轮值镇长方面，要求"业务单元应秉承区域发展优势、就近原则，向结对帮扶华润希望小镇选派至少 1 名优秀干部常驻项目现场开展帮扶工作。轮值镇长一般两年轮换一次，由华润集团乡村振兴领导小组办公室统筹安排"。

2023 年年底，为了筹备首届《中国 ESG 榜样盛典》，我们安排导演对华润进行前期采访拍摄。在十几个小镇中，我们选择了安徽省金寨县吴家店镇的华润希望小镇。在制订拍摄计划的时候，这一集的导演很着急，反复地跟我说希望尽快去拍摄。我问他理由，导演笑着说："华润的人比我们还着急，天天催着我们，他们说现在是金寨县野菊花盛开的季节，野菊花的花期只有 10 天左右，再晚两天去，花就谢了。"

金寨希望小镇，位于安徽省六安市金寨县，地处大别山红色革命老区，这里曾经是我国首批国家级贫困县和安徽省 9 个深度贫困县之一，是华润集团响应乡村振兴政策建成的第 6 座希望小镇。最终导演赶上了野菊花的花期，在那里见到了华润三九六安公司总经理、金寨希望小镇轮值镇长温建云。温建云之所以心心念念野菊花的花期，并不是因为担心我们错过了美景拍摄，而是因为在他这位华润医药板块的业务负责人眼里，野菊花是能够帮助农民脱贫的经济作物，花开意味着收获。温建云作为金寨希望小镇的第一任轮值镇长，为了帮扶小镇居民产业创收，他和几位同事在 2022 年提出在小镇种植野菊花的倡议，没想到第一年种植野菊花就迎来了大丰收，算下来一户村民能多分 3000 多元钱，不仅提高了村民的收入，同时还解决了华润三九公司原材料的采购问题，是互利共赢的开始。

在看导演拍回来的画面时，我跟导演说："你们注意到了吗？如果不说这几位是华润的员工，看他们和村民们在一起的状态，包括衣着打扮，就是村里工作人员的样子。其实他们都是华润业务板块的业务负责人或骨干，平时一个电话谈的可能是覆盖全国的大业务，但在这里就是踏踏实实助力村民致富的帮手，操心的是村里野菊花收成好不好，能不能帮农民再多赚点钱。"

导演在采访的时候，还拍摄到了一个有意思的细节。去拍摄的时候，正值菊花盛开，镇长温建云和华润产业帮扶专员宋加雨等几名华润员工，正和村民们一起忙着收割采摘野菊花。不一会儿，他们就被村里的孩子围了起来，宋加雨就在菊花田里教孩子们采摘分拣野菊花。看得出来，华润的员工们和村民、孩子们都很熟悉，孩子们很自然地和他们嬉闹着。导演邀请宋加雨在镜头前说几句，她一下子紧张了起来，适应了一会儿才红着脸不好意思地说："我从金寨小镇开始建设就来到这里了，算起来到这里都10年了，我是看着这群孩子长大的。我以前也是个年轻人。"其实，这位华润员工现在年纪也并不大，一眼看上去就是一个朴实的年轻小姑娘。

但看着她羞涩真诚的笑脸，我立刻明白了"我以前也是个年轻人"这句话背后的意思，她既是说，她投身于金寨希望小镇事业已经有了一段时间，在她身上已经有了岁月的印记；另一方面更是想说，在希望小镇做专员的这10年，是她从一个稚嫩的华润人，成长为深度融入当地、让村民过上好日子的建设者，是岁月的流逝，也是时间带来的成长收获。

在华润，希望小镇的示范故事，成为新员工的必修课，来希望小镇当轮值镇长或专员，也成为每个员工的骄傲和向往。在这里的经历，让他们的根扎得更实。他们用脚步丈量慈善的决心，用汗水浸润华润的精神，他们的行动和大爱托起了小镇的希望。

也是因为在金寨希望小镇采访时看到的情景，导演提出了一个建议，在首届《中国 ESG 榜样盛典》现场专门设计一个环节，为华润颁发榜样奖杯之后，邀请希望小镇的孩子们来表演一个节目。最开始，我对导演的这个想法持否定态度。原因有二，一是作为权威性、专业性的财经类颁奖典礼，它的调性显然与电影、电视剧等文艺类颁奖典礼不同，颁奖的对象又都是在中国乃至全球相关领域数一数二的企业家，设计表演类节目很容易画蛇添足、"八字不合"；二是从个人角度出发，可能是见过不少让孩子们为某项成就来"助兴添彩"的表演，孩子们不明所以，作为"工具人"被折腾摆布，我很不喜欢这样的"表扬方式"。更何况，无论是打造希望小镇，还是宣传希望小镇，我们的目的是为了让更多的村民们、孩子们受益、高兴，而不是为了让他们来当面谢恩的。我想这一点华润人比我的感受更深。我跟导演建议，把我们的想法原原本本告诉华润希望小镇的负责人，原则是不折腾孩子们，顺其自然，能来的话我们就精心准备，也是邀请他们来玩一趟，如果来不了也完全没关系，不强求。

结果第二天，导演告诉我，孩子们听说要来特别高兴，大人们听说孩子要上央视也特别高兴。因为这些孩子们还从来没有来过北京，也没有来过中央电视台。华润人也很高兴，他们说，我们的帮扶目标，除了物质，也有精神生活，让这些孩子高兴也是我们的心愿。既然目标一致，我们当即筹备，为孩子们新买了衣服，选了张亚东老师作曲的一首特别纯净美好的公益歌曲《最好的未来》，又请专业老师为孩子们编了一个可爱的舞蹈。晚会正式举办前 3 天，来自安徽金寨希望小镇和四川巴中南江希望小镇的 17 名孩子，被接到了央视新址演播厅进行排练。孩子们兴头很足，手舞足蹈，有一个小姑娘在排练的时候怎么也跟不上节奏，永远比别人慢半拍，但又跳得特别认真，看得大家既觉得好笑又觉得可爱。最后我们和舞蹈老师商量后，一致同意，孩子们的舞蹈大体上整齐即可，状态自然轻松就好，不一定非得严丝合缝。

2023 年 12 月 2 日晚上 7 点，首届《中国 ESG 榜样盛典》——"以负责任的榜样，引领可持续的未来"在央视新址举办，王祥明董事长又特意从香港飞到北京，来领取"十大 ESG 榜样企业"的奖项。与王董事长已经有一段时间未见了，一见之下分外亲切，我说，上次我们是从红色基因的角度解读华润，这次是从 ESG、可持续发展的角度致敬华润。

在颁奖现场，王祥明董事长感慨地说："近年来，华润成体系开展社会责任工作，在社会责任、可持续发展领域得到了各方的充分认可。其中华润希望小镇的动议和坚持，我想最能体现华润的初心和基因了，体现华润人心怀'国之大者'，具有强烈的家国情怀。今天我们拿到了'中国 ESG 榜样'这个沉甸甸的奖杯，可以说是中国最权威的中央媒体对我们过往社会责任和可持续发展工作的肯定，这无疑也是我们继续前行的动力。作为红色央企，85 年来，华润在各个历史时期，都肩负起了历史所赋予的使命与责任。我们坚持高标准履行社会责任，正是传承红色基因、赓续红色血脉的重要体现。我也切实感受到 ESG 已经成为世界一流企业的通用语言，践行 ESG，正是为了提升企业管理水平，推动企业健康发展，在助力企业实现经济价值的同时，体现社会责任和社会价值。如何把 ESG 工作做得更有水平、更有意义、更有境界，更好地助力企业实现更大的发展，实现对国家和社会更大的价值，需要我们尽快给出答案。"

王董事长领取奖杯回座之后，在欢快的音乐声中，孩子们蹦蹦跳跳地上场了。"每种色彩，都应该盛开；每一个人，都有权利期待；爱放在手心跟我来，这是最好的未来……"伴随着童真的歌声，孩子们的表演打动了现场的每一个人。那个始终跟不上节奏的小丫头，还是一如既往地跟不上节奏，但并不影响她格外认真的一举一动，也不影响她灿烂的笑容中露出一口还没长全的小牙。孩子们响亮的笑容，如同太阳照亮了现场的每一个人。在这次晚会播出到这个环节的时候，不少人注意到了两个细节，很多人还特意给我发来了信息询问：一是，观众们看到了在播出的镜头里，台下有一群笑眯眯的央企董事长们，纷纷举起手机拍摄着孩子们的表演，无比自然也无比真实；二是，其中有一个人笑得尤为灿烂，他就是华润董事长王祥明。其实此前王董事长一直不知道我们会邀请小镇的孩子们到现场，那一刻他的笑容一定比别人包含了更多的内容，既有骄傲又有欣慰。

晚会结束后，我收到了一张照片，那是王董事长和孩子们的合影。后来我才了解到，这张照片，还是王董事长自己主动"申请"来的。那是在活动结束之后，尽管当晚还要赶回香港，王董事长在紧张的间隙，主动提出想跟孩子们一起合个影。孩子们欣然答应了，他们其实并不知道这位慈祥可亲的老爷爷是谁，也不知道他为什么笑得这么开心。

王祥明董事长和希望小镇的孩子们的合影

我想起了王董事长告诉我的一组数据：自 2008 以来，华润小镇直接受益农民群众超过 3381 户，约 12 460 人，辐射带动小镇周边 10 万余人脱贫致富，这些数字还在不断更新中。从某种意义上来说，从 2008 年第一座希望小镇，到今天的第 12 座金寨希望小镇落成，希望小镇在不断进化，从践行社会责任走向了 ESG 实践可持续发展模式，而希望小镇又反向赋能华润的发展，赋能员工的成长，让企业的使命价值观更好地贯彻实现。通过希望小镇这样一个载体，让集团的顶层设计和发展理念得以贯彻穿透，让它从"一把手"工程变成能够让华润 37 万多员工每个人都可触摸的实体，每个人都可参与的企业角色，每个人都能汲取养分的沃土。

那天的《中国 ESG 榜样盛典》录制结束后，我离开演播室的时候已经很晚了。路过演播室门口签名墙的时候，我停下脚步，看到了出现在董事长们的大气签名上的十几个稚拙的签名，那是华润希望小镇的孩子们写下的名字。我也拿起手机拍了下来，我要发给王祥明董事长，告诉他：这是最好的未来！

金寨希望小镇的野菊花来年再次绽放之时，我希望能够去再看看，去实地亲身感受水润万物、生生不息的力量。

向海而生，海辽精神再发扬

奔跑者
中国经济脊梁

第三章

招商局

3

奔跑地

非洲　吉布提

　　我们一踏上吉布提的土地，立刻就感受到什么叫热浪滚滚。当地人告诉我们，吉布提地表温度最高可达 50℃。一路走来，我们深刻感受到了什么叫"天地不仁，以万物为刍狗"。沿途看到的是炎热、穷困、干旱、缺水，路边没有什么绿色，难得看到的一棵勉强可以称作"树"的植物也细瘦干枯，几乎没有像样的叶子，一只瘦弱的羊在一旁努力啃食着树皮。

百年招商局集团（简称"招商局"），创造了众多"第一"：它是洋务运动第一家民用商业企业；它是中国第一家股份制公司；它创办了中国第一家商业银行；它开辟了中国第一条远洋航线；它修建了中国第一条专线铁路；它铺设了中国第一条专用电话线。它还开办了中国第一家律师事务所、第一家会计师事务所、第一家保安公司、第一家船舶保险公司、第一家大型煤矿企业、第一家股份制保险公司、第一个对外开放工业园；它是中国最大的港口运营商，在全球拥有86个港口码头，旗下港口集装箱货物吞吐量、超大型油轮、超大型矿砂船规模均排名世界第一。

我对它的了解，也有我心目中的一个"第一"。但这个第一，无关商业，无关经营，它可以说是招商局初心使命的起点，见证了新中国成立重要历史时刻的一个不同的视角。我今天想讲的招商局的故事，是从一艘船讲起，这艘船名为"海辽轮"，是新中国第一艘升起五星红旗的海轮。

由海而生，乘风破浪。我一共有三个故事要与大家分享：一艘船、一道四则运算题、一次远赴非洲吉布提的录制，这三个故事勾勒出我眼中一个立体、真实、鲜活的招商局。它们也是关于海轮、海燕、海港的故事，从港航起家，与海相伴，一百多年来经历过无数次市场风雨的洗礼和锤炼，在新的海轮启航中，续写招商局的传奇。

➜ "海辽轮"：新中国第一艘升起五星红旗的海轮

1949 年 10 月 1 日，大连港外。海辽轮全体船员换上了整洁的制服，面朝着北京的方向，激动不已。下午 2 点 57 分，就在中华人民共和国开国大典开始的前 3 分钟，一面鲜红的五星红旗在海辽轮上冉冉升起。船长方枕流和全体船员，在国旗下欢呼、庆祝，然后一起围坐在广播前，迎接那历史性的一刻——此时的收音机传来了开国大典中毛泽东主席的声音："中华人民共和国中央人民政府今天成立了！"

这是我们在建党百年之际推出的百集纪录片《红色财经·信物百年》第一集中的重要片段，也是全片的华彩部分。这一集的主角是招商局集团，他们带来的信物是一张五分钱纸币。这是 20 世纪 50 年代发行的第二套人民币中的五分钱面额纸币。纸币上的图案，是一艘真实存在的船——海辽轮，这也是人民币中罕见地把真实存在的物件作为印制图案。带来这件信物的就是招商局集团董事长缪建民。

招商局是我们整个百集纪录片录制的第一集。在位于北

五分钱人民币上的"海辽轮"

京东郊的影棚里，我们开启了《红色财经·信物百年》的所有"第一次"：第一次用"伦勃朗阴影"手法来布光，为了让画面呈现出油画光影的质感；第一次让央企董事长们成为"信物守护人"，成为"电影男主角"，来亲自讲述信物的故事；第一次把企业的信物摆到影棚、摆到董事长们的身边。

那是3月初，万物生长的季节，也是我们这部纪录片、这个剧组一切的开始，所有的步骤都须摸索，所有的拍摄都无法等待完美之后再开始，很多细节只能边做边调整。比如，影棚里摆着的两个简陋的沙发，是为需要全程站立录制的嘉宾在拍摄间隙稍事休息提供的，为了不让董事长看到这个临时找来的、侧面已褪了皮的沙发，在缪建民董事长准备坐下的时候，我一个箭步冲过去，特意用身体挡住了沙发破旧的部分。

在正式录制之前，我和缪董事长进行了长达一小时的沟通。这次沟通，既让我更深刻地了解了招商局的历史，也更让我明确了做这部纪录片的意义，为后续的每一次沟通铺陈了良好的起点。作为第一集录制的嘉宾，缪建民董事长问了我一连串问题："这部百集纪录片为什么要用'信物'这样一个方式来切入？为什么管它们叫'信物'？又为什么一定要让董事长们来亲自讲这件'信物'？"我的回答是："有信则立，薪火相传。"信物，是《红色财经·信物百年》讲述的起点。饱经历史沉淀、经过精心遴选的一件件信物，勾画出中国经济最初的图样。信物的"信"，是信心、信念、信仰，信物无声、精神永恒。董事长亲自出镜，以"信物守护人"的形象出现在镜头前，是因为他们代表的不仅是百年兴业以来，为夯实共和国产业根基、构筑经济命脉的百家企业，他们的身份不仅是企业的掌门人，更是历史的见证人和企业精神的传承人。

毕竟对于大多数董事长来说，面对镜头讲故事并不是他们的强项，尤其是我们又搭建了影棚，灯光一打，镜头一推，不同于以往讲话、做报告的场合，尽管身经百战，董事长们多少也会有些紧张。而且我又对每一位董事长提出了一个要求，让他们在镜头前不能以讲话开会的状态讲述。我为他们的讲述状态总结了八个字要求——饱含深情，娓娓道来。乍一听这八个字，董事长们不由得面露难色。我记得当时缪建民董事长就提出："饱含深情，娓娓道来，如何理解？如何做到？"我的回答是，信物是精神的载体，董事长们携带的是各自的"传家宝"，它是企业一路走来、新中国筚路蓝缕发展的见证，作为"信物守护人"，面对它不可能不深情；自家人讲述自家事，故事里有骄傲有自豪，有挫折有苦难，有荣光有梦想，只有娓娓道来，才能让观众共情共鸣。

后来我们在拍摄过程中，也特意定下了一些"规矩"。比如为了让董事长们能够尽快进入状态，在录制之前，我要先和董事长们沟通半小时到一小时，这也成为必不可少的环节，为此同事们给这个环节起了一个绰号——"沉浸式精神按摩"。事实证明这样的沟通非常有必要，也大大缩短了董事长们进入状态的时间，提高完成"饱含深情、娓娓道来"录制的效率，是一个投入产出比很高的环节。

同时，除了沟通，我们还设置了很多细节。比如董事长们一踏进摄影棚就能听到《我爱你中国》的旋律；在影棚的墙上能够看到之前完成录制的董事长们的"剧照"和信物照片。我们的百集纪录片是边拍边播，随着拍摄越来越多，在央企董事长们之间形成的影响力和传播力也越来越强，后面录制的董事长们来了后往往喜欢去剧照墙上"找人"，遇到特别熟悉的还会当场电话连线取经，这也成了让董事长们在进入不熟悉的录制场景拍摄前把紧绷的神经放松下来的"法宝"。有时候我们还有意引导董事长们去墙上"寻人"，可以说这成为"放松神器"，屡试不爽。不过这都是后话，第一次拍摄的缪建民董事长什么都没有"享受"到。事实上很多后来增添的细节灵感，都来源于这第一次拍摄。

《红色财经·信物百年》摄影棚的剧照墙

　　其实在百集信物纪录片筹拍之前，对于探索这样一种全新的故事讲述方式，即让专业主持人隐退后台，将演播室完全交给最了解企业发展历程、对行业最饱含深情的"信物守护人"们，我们的心中十分忐忑；对于企业能否选出有代表性的信物，我们也心里没底。招商局作为我们信物拍摄的第一批企业之一，在远程开了几次会议，听了我们的要求之后，他们很快拿出了"五分钱人民币"这件信物，并且带来了"五分钱上的海辽轮"这段历史。这件信物一经亮出，立刻让我们有了信心：成了，就是它了！这个方式，可行！

　　讲到此处，让我们来完整地听一听《红色财经·信物百年》之招商局带来的信物故事。

"建党百年，招商局已经不止百年。它的故事，它的新生，从海辽轮开始。

"新中国成立前夕，国民政府招商局的高级船员休息室里，贴出了一张由京沪杭警备司令汤恩伯颁发的布告——《非常时期国营招商局实行军事管理办法》。宣布从即日起，征用招商局的船舶抢运物资、调动军队，并规定，船员不得擅自离船，违者以军法论处。

"当时的招商局一共拥有商船466艘，总吨位达到40万吨，是全国最大的航运公司。国民党的这一举动，无疑是想借助招商局的力量，将内战进行到底。1949年9月19日夜，海辽轮在没有通知港务局的情况下，悄悄地离开了香港维多利亚港。"

在追溯这段往事的时候，我们找到了当时的很多细节。当轮船驶经鲤鱼门航道出口时，信号台突然闪烁起盘查的灯语。按照惯例，海辽轮需要答复自己的船名和去向。此时如果稍有差错，海辽轮将被立即扣留。船长方枕流走上船台，一边故意用手电筒代替信号灯，发出含混的灯语与对方周旋，一边命令轮船开足马力向前进发。在信号台人员一头雾水的时候，海辽号早已驶过鲤鱼门，进入了茫茫的海洋。

导演在写脚本的时候，这一段也极具电影感："转舵！113度！"方枕流发出了更改航线的命令。真实事件加上合理情景还原，呈现了当时惊心动魄的一幕。

为成大事，每一步都需要周密的计划，"出走"的海辽轮报务员这几日也在国民党政府那里演着苦情戏，连续几日发出海辽轮行驶途中遭遇故障的电报，借此打消岸上的顾虑，为海辽轮争取宝贵的航行时间。当国民党当局发现不对劲，派出飞机追赶时，海辽轮已经快到心中的彼岸了。

1949年10月1日下午2点57分，此刻，距离新中国开国大典还有3分钟。"同志们，升起五星红旗！"一面鲜艳的五星红旗在海辽轮的桅杆上冉冉升起，海辽轮全体船员在方枕流的带领下举行了属于他们的第一次升国旗仪式。也正是在这一刻，海辽轮成为新中国第一艘升起五星红旗的海轮！下午3时整，海辽轮全体船员围坐在收音机旁，终于等来了那历史上最令国人感动的声音："中华人民共和国中央人民政府今天成立了！"全体船员在甲板上欢呼雀跃，热泪在海风的吹拂下飘落在陪伴他们一路的波涛里，永远融入了这片祖国的海域中。

海辽轮的抉择，影响了香港招商局和新中国航运史的走向，因海辽轮的伟大壮举，1950年1月15日清晨，在香港招商局及其所属的海康、海汉等13艘轮船的甲板上，举行了庄严的升旗仪式，13面五星红旗迎风招展，13支汽笛其声轰鸣，这一举动，震惊了香港，也震惊了世界。

"有了目标，再远的航程都在脚下；有了信仰，再艰难的道路都会去闯。"这句写意的描述，是我们节目文稿中最后一段的首句，是神来之笔，也是我们的得意之作，更是我们在招商局启发之下的创作灵感。

海辽轮的第一，也见证了我们百集信物纪录片创作的第一，打开了信物百年的开篇，成就了我们"前无古人、后无来者"的作品。而这样的第一，在招商局的发展历史上，已经经历了很多次。

"百年招商局，半部近代史"，在诸多"中国第一"的背后，是这家企业一次次打破外资垄断、突破制度藩篱的尝试，也是中国人勇闯高峰和禁区的见证。

在《红色财经·信物百年》纪录片中，招商局还创造了一个"第一"：第一家有两位代表来参加录制的企业，一位是招商局集团董事长，一位是招商蛇口董事长。这也是集团董事长缪建民的建议，在他的信物录制完后，是否可以请招商蛇口也带着信物来录制一期，他自称这是一个"不情之请"，但也是"合理之请"。在中国改革发展的历程中，招商蛇口作为改革创新的突破口、见证者，责任重大、使命光荣，因此我们也破例在招商局集团之外，又单独拿出一集来给招商蛇口。他们带来的信物就是那句著名的中国改革开放的标志口号——"时间就是金钱，效率就是生命"。这十二个字从蛇口诞生，宛如一句强有力的宣言，向全世界昭告着中国坚定改革开放的决心。改革创新，始于理念变革。"招商血脉、蛇口精神"，其核心就是改革创新。我们挖掘出了背后不为人知的故事，深感改革的不易。

这一集的信物讲述人是时任招商蛇口董事长许永军。我在录制之前了解到，许董事长 2015 年通过公开选聘从招商局物流调任招商蛇口，成为蛇口工业区和招商地产完成"重大无先例重组"、成立招商蛇口之后的首任总经理，也是招商蛇口的第二任董事长。录制这一集的时候，招商局集团的海辽轮故事已经播出，有了"前辈"的打样经验，招商蛇口这一集录制得格外顺利。

在专门制作的、等比例缩小的十二字标语信物前，许永军董事长带来了这个"春天的故事"。

"时间就是金钱，效率就是生命"标语牌

1979 年 7 月 8 日，深圳蛇口响起填海建港的开山炮，奠基了中国第一个对外开放型工业园区——招商局蛇口工业区。这一声炮响，拉开了中国改革开放的序幕，但美好的愿景背后，是不计其数的困难与阻碍，"大锅饭"的体制就是其中之一。在蛇口码头的建设中，由于工人出工不出力，工程进展极其缓慢。见此情景，时任招商局常务副董事长的袁庚采取了一个大胆的举措：每多拉一车石料，就奖励司机 4 分钱。当天，工地上就沸腾了起来。按劳分配、多劳多得，每个司机一个月的奖金加工资能达到 100 多元，甚至超过了工业区的中层干部。4 分钱的奖励制度，激活了整个生产队。

然而，热火朝天的局面刚打开不久，就遭遇到多方质疑。有人指责蛇口是"奖金挂帅"的历史倒退，叫停的红头文件随之而来。幸好，中央领导获悉此事后及时做出了批示，对蛇口实行的奖金激励的做法予以了肯定。

小小的 4 分钱，却惊动了中南海，因为在它的背后，是两种思想的激烈斗争。袁庚深深体会到旧体制和旧观念带来的重重阻力，1981 年 3 月的一天，袁庚写下了"时间就是金钱，效率就是生命"的口号，并让人拿了块三合板刷上红油漆做成标语牌竖在工业区里。这是这句口号在历史上的首次公开亮相。遗憾的是，这张标语牌仅仅竖立了 3 天就宣告夭折。口号中的"金钱"与"效率"这种市场化观念，在当时让很多人难以接受。

在那个春寒料峭的时期，人们对于改革开放、对于经济特区，一直都存在着不同看法。1984 年，邓小平同志南下视察蛇口，袁庚特意叮嘱人把这两句标语竖立在进入蛇口的路边，终于得到了"改革开放的总设计师"的点头和赞赏。当年 10 月 1 日，北京天安门广场前，在参加新中国成立 35 周年庆典的蛇口工业区彩车上，这两句醒目的口号通过电视荧屏闯入了亿万中国人民和全世界人民的视野里，也正式标志着它在中国人的心中牢牢扎下了根。

正如许董事长在纪录片结尾讲述的那样，这块标语上的精神，引领着招商蛇口一路向前。它在机声隆隆的工地上出生，在不绝于耳的争议中长大，最终傲然挺立至今。它是冲破迷雾的信念，也是一座现代化城市的精神象征。

从1872年走来的招商局，一路破浪前行。1949年10月1日，海辽轮成为新中国第一艘升起五星红旗的海轮，新中国航运事业由此起步。自1979年因改革开放而生的招商蛇口传承了招商血脉，勇立中国改革开放的潮头，续写着"春天的故事"。

自此，海辽轮、十二字标语，勾勒出了《红色财经·信物百年》节目中完整的招商局形象。

⮑ 如海燕一般的招商局：让暴风雨来得更猛烈些吧！

其实与招商局的结缘，从很多年前就开始了。作为如此重要、体量庞大的企业，招商局自然是我们节目的常客。其中，让我们彼此都留下深刻印象的，当属聚焦国企三年改革的一期节目《国企的改革算法》。这是我们策划的一个系列节目，聚焦国务院国资委开启的前所未有的改革行动——国企三年改革。我们为此一共制作了两期节目，邀请了最具代表性的六家国资央企的掌门人，分享国企三年改革行动中的实践经验，招商局就是其中重要的一家，也是我们确定邀请的第一家企业。

按照惯例，节目录制之前我要跟主嘉宾进行至少一次面对面的沟通，以便深入了解嘉宾的思路，也让嘉宾了解我们的创作意图，这样才会呈现出最佳节目效果。招商局集团总部在香港，因此时任招商局集团董事长的李建红，就成为六期中唯一一位通过远程视频方式沟通的嘉宾。那是在2017年，视频会议还未充分普及，我们专程来到招商局北京办公室，与李建红董事长进行现场视频连线。记得我当时还开玩笑说，不愧是总部设在香港地区的国际化企业，交流工具都如此先进、国际化。为了让节目更生动，我们给李董事长提出了一个要求，就是要选取生动形象的关键词来介绍招商局，让观众更好地理解企业的使命和定位。

这期节目，李董事长和国投集团董事长、诚通集团董事长一起同台论道。在节目最开始，介绍企业的环节中，李建红董事长选择的关键词是"海燕"，这是在视频沟通中他自己提出来的想法。最初我们提出这个环节的要求时，招商局的同事们提了几个方案，双方都不太满意。李董事长一边听一边认真思索，突然萌发了一个想法，那就是用"海燕"这个形象来比喻招商局。猛然听到这个词我们有点意外与不解。他接着解释说："招商局就像海燕一样，由海而生、与海相伴。我们从港航起家，一百多年来经历过无数次市场风雨的洗礼和锤炼。我们也像海燕那样不畏狂风暴雨，始终勇往直前，依托海洋，不断发展壮大。"

1872 年招商局成立于晚清洋务运动时期，是中国民族工商业的先驱。作为中国第一家股份制企业，组建了中国近代的第一支商船队，创办了中国第一家银行保险公司、大型煤矿和钢铁企业，努力为民族富强进行了一系列的尝试和拼搏。党的十一届三中全会以后，"海燕"再次焕发生机，从香港渡海来到深圳。在一片荒山海滩上，招商局组建了中国第一个对外开放的工业园区——蛇口工业区，以往前走、不回头的敢为人先精神，和时间就是金钱、效率就是生命的气概，在建立市场化的劳动用工制、薪酬分配制、工程招标制和企业股份制等方面开展了一系列的改革创新，也培育出了一批像招商蛇口、招商银行、中集集团、平安保险这样的优秀企业。

李建红董事长说："党的十八大以来，招商局这只海燕乘势而起、展翅飞翔，充分利用香港国际金融、贸易、航运中心独特的优势，面对国际竞争，不断完善体制机制，遵循市场规律，不断扩大复制招商蛇口前港、中区、后城的商业模式，提升招商局的国际竞争力。经过多年的改革、创新、发展，今天（2017 年）的招商局资产规模已经超过了 7 万亿元，年收入达到了 5000 亿元，年利润突破了 1000 亿元，正在向世界一流企业努力迈进。当然我们也清醒地认识到，市场竞争的风雨未有尽时，企业改革创新发展的事业永无止境。百年招商局将会像海燕那样继续穿云搏浪、翱翔前行。"

在节目最后，李董事长总结："招商局集团 145 年的历史，招天下之商、通五洲之航。招商局的发展，与改革相伴，招商的血脉基因，就是改革创新。招商局这只海燕，要有理想信念，要有全球眼光，要有战略思维，要有创新精神，要有海洋胸怀。海纳百川，实现共赢。"

确实，招商局这只高飞的海燕，飞过了那片历史的海，飞过了那片改革的海，也飞过了市场竞争更加激烈的一片国际的海，不惧风浪、穿云破海。

正如在节目现场，李建红董事长富有诗意地背诵的高尔基《海燕》中的那句名言："让暴风雨来得更猛烈一些吧！"

海港：一次远赴非洲吉布提的行程

领略了招商局这只海燕在改革创新领域的翱翔之姿后，我也得以通过节目"创造"了一次机会，近距离感受其在国际海域飞翔的风采。

2018 年，在"一带一路"倡议提出 5 周年之际，我们策划了一个特别系列："一带一路"的中国声音。5 年来，"一带一路"合作不断开花结果，从中国走向全球，中国与共建国家合作共赢，一批有影响力的大项目逐步落地，建设进度和成果令世界瞩目。此次活动选取了 3 个最具影响力的重大建设项目典型，赴所在国深入探访、对话，并在现场录制节目，展现"一带一路"振兴世界经济的阶段性成果。其中第一站就是招商局集团在吉布提港口的项目。

东非国家吉布提，其名在当地阿法尔语里有"沸腾的蒸锅"之意，年降水量150毫米，终年炎热，属于典型热带沙漠气候。国家面积23 200平方千米，人口约100万人。吉布提虽资源匮乏，经济发展落后，但由于其优越的地理位置，被称为"红海锁喉"。它是全球贸易航线上的重要节点，也是"一带一路"海上西线的关键点，为亚洲通往非洲、欧洲航线上的重要中转站，是连接亚非欧市场的首个连接点，吉布提的港口还是埃塞俄比亚等诸多非洲东北部国家出海的唯一通道。

我们一踏上吉布提的土地，立刻就感受到什么叫热浪滚

吉布提港口远景

滚。当地人告诉我们，吉布提地表温度最高可达 50℃，一路走来，我们深刻感受到了什么叫"天地不仁，以万物为刍狗"。沿途看到的是炎热、穷困、干旱、缺水，路边没有什么绿色，难得看到的一棵勉强可以称作"树"的植物也细瘦干枯，几乎没有像样的叶子，一只瘦弱的羊在一旁努力啃食着树皮。阳光毒辣，很多当地人没有任何遮盖物地躺在地上，我们开始以为他们是躺在一条毯子上，定睛一看他们身下只是一片肮脏的、压扁的破纸箱壳。招商局陪同我们的当地同事介绍说，吉布提是联合国认定的最不发达国家之一，自然资源匮乏，自然条件恶劣，经济十分落后。他们刚来吉布提的时候，每每看到当地人的生活状况这么糟糕，都感到怜悯和揪心。

作为曾经的法国殖民地，吉布提在殖民统治结束后，并未获得太多的改变，西方国家军事基地的设立和经济援助模式，没有改变其发展步履维艰的状况。近年来，中国深度参与吉布提的多项重大工程建设，在吉布提基础设施建设方面扮演了重要角色，招商局集团打造的多哈雷多功能港就是其中的典型代表。

我们在吉布提港口露天搭建了台子，作为节目录制的场地。招商局集团时任分管海外业务的副总经理胡建华，专程从国内飞来，和当地合作方代表一起录制。我们比胡总早到两天，等他到了之后，我问他这是第几次来吉布提，他告诉我，此前为了建设吉布提港口项目，他已经来了 50 多次了。

可以说，他见证着吉布提港口日新月异的建设和成长，把所有的真情实感都倾注在这里了。

他说："6年前（2012年）这里还是一片荒滩，什么都没有，对刚来时的情况我记忆犹新，总结来说是'一冷两热'。'一冷'是感到这里很荒凉，放眼全是沙漠。'两热'体现在两方面：一是吉布提常年温度在40℃以上，就像火炉一样；二是特别感受到吉布提上至总统，下至百姓，对发展的渴望与热情。这也深深地鼓励了我，吉布提就像一片即将发展起来的热土。"

吉布提港原来只是一个100年前法国人建设的老港，以设施旧、规模小、货物装卸运转慢著称。2013年，当得知吉布提政府要拿出6亿美元升级改造旧港时，胡建华就马不停蹄飞赴吉布提。我们录制节目的时候，当年跟胡总接触的第一批当地人——吉布提港口与自贸区管理局主席阿布巴卡·奥马尔·哈迪也来到现场，他称呼胡总为胡博士，他说："我遇见胡博士的时候是6年前，那是我们第一次见面，我们当时就谈及了吉布提港口的发展问题。我马上意识到这就是那个'对路的人'，他所拥有的经验能够帮助我们发展，一切就是这样开始的。"而胡总提供了另外一个视角："哈迪主席到机场接我到酒店，我住的酒店就在老港口的边上，到酒店之前，我先去港口转了一圈，给我的第一印象——港口实在是太破了，在中国长江上的内河码头都比它大、比它强。我跟主席说，你们国家有没有其他适合做深水港的地方？主席说有啊，我们有规划，但是没人帮我们建。我说我们去看，掉头就找到了今天这个位置，离老港口直线距离 8 千米，当时这还是一片水，距离岸边 1000 米左右就变成了深海，颜色是深色的。"

胡建华是多年港口建设的专家，一看这片水域就很激动。他回忆说："我一看这个水面就知道，颜色不一样，水深将近二三十米，这是天然良港。第二天一早见总统，我就介绍说我是港口工程师，可以非常负责任地提个建议，不能在老港口再做升级改造了，纵深太小。港口讲究吞吐量，就像一个破衣服，越补越破，我发现直线距离 8 千米之外，有一个叫多哈雷的地方完全适合做现代化的港口。可以在那建造一个全新的现代化的码头，至少可以停 15 万吨的船舶，两年时间能建成。总统先生，这就是你的黄金宝地，这是你整个首都的龙头，这个地方做中央商务区，我们招商局还可以在你的码头后边建工业园区。港口、园区、城市发展三位一体，带来的价值会使你现在的 GDP（国内生产总值）翻两番，从 15 亿美元做到 60 亿美元。"

总统当时很是疑惑，"这事可不能空谈，谁能做啊？"胡总立刻说，"总统先生，我就能做，中国改革开放 30 多年的第一个工业区，叫蛇口工业区，就是我们在一片荒滩上建起来的，现在那里已完全是现代化的城市，人均 GDP 从当时的 300 美元到今天的 6 万美元。"总统看到胡总带来的招商蛇口前后变化的照片，相信了。

　　招商局从航运起家，向海而生，蛇口工业区从修建港口开始，这是"前港"；有了港口之后，港口为工业园区服务，把材料运进来，把货物运出去，就有了加工工业区，就是"中区"。在总结蛇口开发经验的基础上，招商局认为，在"一带一路"沿线国家复制"前港—中区—后城"的模式，应该是不错的选择。这是一种综合开发模式，以港口为龙头和切入点，以临港的产业园区为核心和主要载体，系统解决制约东道国产业转移的软硬环境短板问题，打造国际产能合作平台。

　　正如胡总所说，30多年前的蛇口和今天的吉布提，有很多相似之处。他特别提到一点，是总统的眼神——那种渴望发展的眼神——深深打动了他。经过深入调研，招商局认为吉布提优越的地理位置能够迅速覆盖"东南非共同市场"超过4亿的消费群体，使得20个成员国无缝连接，孕育着巨大的市场机遇。2013年招商局集团以1.85亿美元入股吉布提港口有限公司，占比23.5%，成为其永续股东。从那一刻起，招商局也开始了吉布提港口建设的全新步伐。2014年8月份港口正式开工，经过短短3年的紧张施工，克服了工程技术复杂、原材料设备匮乏、天气炎热等诸多困难，终于使其在2017年4月份投入运营，并于5月份成功举行了开港仪式。

　　基建完善的港口、先进的设备、一流的技术、高效安全的管理模式，书写了吉布提港口史上的新篇章。原先一艘船在老港要先等上一个月，然后再经过3周以上才能卸完。现在随到随卸，只用 4 到 5 天就能卸完，为客户大大节省了成本，效率至少提高了 3 倍。短短两个月，就实现了 300 万美元盈利。同时，新港口培训了大量当地技术人员，为吉布提未来的经济社会发展提供了丰厚的人才储备，创造了 3000 个以上的就业岗位，并带动了相关物流等行业的发展。正是由于新港的成功运营，使得更多国际投资方将目光转向了吉布提，解决了困扰当地经贸发展的瓶颈问题。这个填海造陆生出的东非一流港口，既是招商局在吉布提总体发展规划的"排头兵"，也成为当地经济发展的"发动机"。

哈迪主席在节目现场是这样说的："我们看到了中国 30 年间是如何发展的，30 年间，它是如何完成了使 6 亿人口从贫困阶层向中产阶级跃升的任务。西欧一直让我们相信，要达到这样一个发展程度需要几百年的时间。了解到这需要花上几代人的时间，真是让人非常气馁。然而在中国却实现了在一代人的时间之内就达到这样的发展程度，这一点让我们很受启发，我们希望我们非洲国家也能做到。"

当天现场录制的时候，还出了一个小意外。因为吉布提当地的摄制力量有限，我们专程调来了非洲总站的摄像协助拍摄，摄像老师当天特意从埃塞俄比亚飞来支援。从没去过吉布提的我们，还是太过低估了当地的温度，当天我们特意起了个大早，6 点多开始拍摄，就为了能够凉爽一些。结果拍摄的时候，我们突然发现有一个机位后的摄像老师不见了，赶紧让导演去查看。过了一会儿，摄像老师又重新出现，拍摄没有受到影响，顺利进行。等到拍摄结束了我们才知道，原来是非洲总站来的摄像老师中暑了，当时头一沉摔倒在地，为了不影响拍摄，咬牙坚持爬起来完成了录制。尽管一直在非洲驻站，但埃塞俄比亚相比吉布提，不论是气温气候的适宜性，还是生活水准，都要强很多，能让我们长年在非洲驻站的摄像老师都中了暑，吉布提生存条件的艰难可见一斑。

我们也特别敬佩多年扎根在这里的招商局朋友们，在这里，喝上干净的水、吃上新鲜的蔬菜，都变成了难得的、幸福的事情，他们背井离乡，在陌生的国家、艰苦的环境里一扎就是几年。我们这个系列节目一共走访了3个扎根海外国家的央企，发现它们都有一个共同的特点，就是员工食堂建设得很好，专门从国内请来大厨为员工烹饪非常地道的家乡美食，通过抚慰思乡的胃，来安抚思乡的心绪。我们这些远道而来的客人，让这些从中国来的当地员工们倍感亲切，大厨拿出浑身解数，要满足我们这些馋嘴。我们也顺势饕餮了一把，风卷残云的速度让招商局的小伙伴们都吓了一跳，也让大厨很自豪。

值得一提的是，在采访过程中接触到不论是吉布提的政要及合作方，还是当地的民众，都能够感受到他们对招商局友好热情的态度。招商局给当地人带来了福祉，工作环境、企业福利都相当好，他们也都以能在招商局工作为荣。吉布提的政要们非常尊重招商局，与招商局当地的负责人成了好朋友，还经常邀请他们去家里做客。这也让我们感受到在"一带一路"的"朋友圈"里，是我们的真诚付出和共荣共享的实践换来了对方实打实的尊重和友谊。

拍摄之余，我们还参观了吉布提的阿萨勒湖，那里有招商局的盐湖工厂。阿萨勒湖是全球盐度最高的湖泊，湖面低于海平面157米，是非洲大陆的最低点。其中含盐量近30亿吨，是吉布提最重要的自然资源。我们一路驱车前往，突然眼前出现了白花花的一大片盐湖，脚下就是优质的珍珠盐，景色颇为壮观。我们都是第一次见到如此有视觉冲击力的盐湖，忍不住纷纷脱了鞋蹚水踩盐，结果贪玩一时爽，烈日之下浸泡了高浓度盐水，回去后大家纷纷爆皮，无一幸免。在盐湖工厂，我还体验了一次"悬空如厕"。受限于当地的条件，用电用水不能充分保障，设施也都比较简陋，为了节约资源，厕所就设在野外：沟壑之间搭块板子，四周用几块木板一围，就是个简易厕所，也不用冲水。这种体验还是第一次，不由得有点战战兢兢，但同时又对招商局当地的同胞们多了几份敬意。我们深知，这片土地正在努力发展，背后是招商局这样的企业在贡献经验和智慧、付出汗水和诚意。

在出发前往吉布提之前，时任招商局集团总经理付刚峰在国内接受了我们的采访。他告诉我们："在全球的经济发展中，港口是不可或缺的，现在我们在全球17个国家，有25个港口在投资运营。由于有这些港口，也给这些园区里生产经营的企业提供了很多服务。我们中国的改革开放，'沿海先开放'，港口天然带有开放的特征。我们如今在做蛇口模式的时候，会把改革开放几十年来的经验进行重新整理。现在招商局集团在'一带一路'共建国家已经走出去的地方，包括吉布提、白俄罗斯、斯里兰卡，以及正在研究的多哥、坦桑尼亚，都会思考如何用蛇口模式，给这些国家的经济发展带来贡献。"

到这里，关于"海轮、海燕、海港"的招商局故事就要讲完了，最后我还想再续上一个新海轮的故事，作为对我讲述的招商局故事起点的呼应。

75 年前，海辽轮冲破层层封锁，历经 8 天 9 夜，最终到达解放区大连港，成为新中国第一艘升起五星红旗的海轮，为新中国航运事业留下了希望的火种。5 年前（2019 年），为纪念海辽轮起义而命名的"新海辽轮"在大连交付，满载坚定信念、为国为民的爱国情怀迎风远航，掀开了传承"海辽精神"、践行"一带一路"倡议的序幕。

这是招商局集团首次提炼和阐述"海辽精神"的内涵，与"招商血脉""蛇口基因"一道共同构建了企业文化内涵体系，暨继承和发扬爱国、奋斗、开拓的"海辽精神"；融入新时代、启航新征程、展现新作为、谱写新篇章；勇担"与祖国共命运，同时代共发展"的历史使命，砥砺作为。

百年招商，新的海辽轮下水，迎来了招商局成立 140 周年。新的航程已开启，我们也必将迎来和见证招商局创造的一个又一个"第一"。

世界超级工程
"中国造"

奔跑者
中国经济脊梁

斯里兰卡　科伦坡港口城；中国　港珠澳大桥

　　在正式建成通车前到访港珠澳大桥，我们算是参与建设大桥之外最早来见识大桥的人。我们首先登上的是东岛，身后就是香港大屿山，脚下是伶仃洋，前方是穿过这个岛和海底的一段隧道，从这里能到达珠海和澳门。也是在这里——东岛之巅，我们第一次见到了林鸣，这里也将成为我们几天后录制节目的场地。

在这家央企的网站首页，写着这样"平平无奇"的介绍：

"中交集团，世界最大的港口设计建设公司、世界最大的公路与桥梁设计建设公司、世界最大的疏浚公司、世界最大的集装箱起重机制造公司、世界最大的海上石油钻井平台设计公司、亚洲最大的国际工程承包公司、中国最大的高速公路投资商。"

中国交通建设集团有限公司（简称"中交集团"）从事相关业务已有100多年历史，产品和服务遍及全球157个国家，有60多家全资、控股子公司，有作为中国诸多行业先行者的百年老店；有与共和国一同成长壮大的国企骨干；有在改革开放大潮中涌现的现代企业；有推动公司结构调整而成立的后起之秀；有并购而来的国内外先进企业。

在中国乃至全世界很多人的眼中，这家企业是基建狂魔、造岛神器、疏浚之王，它创造了港珠澳大桥、洋山港、蒙内铁路等一个个世界闻名的超级工程、中国名片。但在我的眼中，它的标签不太一样，它饱含了一个个鲜活的个体带来的有温度的细节和令人折服的智慧。

逢山开路、吹沙填海、遇水架桥，路、岛、桥，这是中交的代表作领域，也将引出我要讲的 3 个中交的故事，以不一样的角度，呈现"大"中交背后的"小"细节。

➜ 造岛未来之城：不只是吹沙填海

"也许今天的这期节目，是我们离大海最近的一次对话。因为我们的脚下就是一片填海而出的沙地。而我们今天的这个舞台，也是在这片沙地上特别搭建而出的。我们舞台的搭建者也是这座城市的建设者。有人说，他们正在为科伦坡这座古老的城市打造一座现代之城和未来之城。这究竟是怎样的一座城？它正在经历怎样的建设过程？未来它会以什么样的风貌呈现在世界的面前？让我们一起在今天的节目当中来找寻答案。"这是 2018 年 10 月，我们在斯里兰卡科伦坡港口城露天录制节目的开场白。

"无尽的海滩，永恒的废墟，好客的人民，成群的大象，迷人的海浪，低廉的价格，有趣的火车之旅，著名的红茶……我们可以继续说上一天一夜……"这是著名的世界旅行图书《孤独星球》对旅行在斯里兰卡的浪漫描述。这个国家也是很多有着文艺情怀旅行者的向往之地。那时候，可能很多人还不知道，在斯里兰卡首都科伦坡，正在孕育建设着又一个蓬勃发展的计划，建设着一座"未来之城"。

科伦坡港口城是由中交集团旗下的中国港湾投资建设的

项目，以公（斯里兰卡政府）私合营开发的方式，通过填海造地形成土地 269 公顷，开发建设规模达 630 万平方米。为斯里兰卡首都科伦坡打造全新的中央商务区，是斯里兰卡迄今最大的单体外商直接投资项目，被《福布斯》杂志评为"影响未来的 5 座新城之一"。中交将中国先进的基建技术、设施及标准规范带入斯里兰卡市场，整体输出中国建设经验，成为展示两国"设施联通"及标准规范"软联通"的窗口。

269 公顷的吹沙造岛工作，于 2014 年 9 月 17 日正式开工，在 2019 年 1 月 16 日宣布全部完成，较原计划提前两个月。我们去做节目的时候，工程还未完工，确切地说，我们是在仍处于建设中的沙地上搭建出了临时的舞台进行节目录制的，这不仅对于参加节目的嘉宾是少见的体验，对于我们来说也是。

这是我们在"一带一路"倡议提出 5 周年之际策划的特别节目系列，选择在"一带一路"沿线国家的 3 个重点共建项目，赴所在地录制节目，斯里兰卡是我们到访录制的最后一站。这次特别节目我们选择的 3 个项目分别位于非洲吉布提、希腊比雷埃弗斯港、斯里兰卡科伦坡，横跨大半个地球，整个行程安排十分紧凑，要在 14 天内完成，还包括了路上的行程。斯里兰卡是我们抵达的最后一站，大家的身体状态已经好似强弩之末。中交来接待我们的负责人非常体贴，带着鲜花热情洋溢地等待着我们，还特意准备了世界闻名的锡兰红茶，配上牛奶，为我们接风洗尘。

到达的当天下午，我们先去拜访时任中国驻斯里兰卡特命全权大使程学源。程大使也多次现场考察科伦坡港口城，他告诉我们："在来到斯里兰卡之前，我难以想象在这6万多平方千米的土地上，遍布着这么多的世界奇观，令人惊叹。我还常常激动于斯里兰卡如火如荼的'一带一路'建设，它助力斯里兰卡经济社会发展，造福两国和两国人民，正在建设中的科伦坡港口城就是其中的典型代表。"

程大使的介绍也让我们对这一站充满了期待。这期节目的主嘉宾是中交集团负责国际业务的副总裁孙子宇，对话嘉宾除了程大使，还有斯里兰卡西部与大都市部部长帕塔利·钱皮卡、中国港湾总经理唐桥梁等。出发前，我们与孙子宇总裁就节目内容进行了预先沟通，科伦坡海港城是他一直在跟进的项目，为此已经多次奔赴斯里兰卡。这次在斯里兰卡的再见面，他是专门为了录制节目而来。在现场，我们问到他第一次来斯里兰卡的情景，他回忆道："那已经是20多年前，和很多初来的人一样，我对斯里兰卡的第一印象是风景优美，民风淳朴。但是到了晚上很黑，说明缺电，另外基础设施，特别是交通基础设施相对比较落后。"

斯里兰卡位于印度洋航道的中心点，素有"东方十字路口"的美誉。从古至今，这里是海上丝绸之路的重要一环，是连接亚非、辐射南亚次大陆的重要支点。在节目现场，我们特意准备了一幅地图，请孙总为我们来讲解斯里兰卡的区位优势和合作的缘起。"斯里兰卡"用当地的僧伽罗语来解释就是富饶、光明、美丽的土地。从地图上看，斯里兰卡就像镶嵌在印度洋上的一颗宝石，南部海岸距离国际主航道只有不到 10 海里（1 海里 =1.852 千米），每年从主航线通过的各种轮船超过 6 万艘，可以说它是国际主航线的要冲，承担了斯里兰卡 90% 以上的进出口任务。中交在这里的工程，可以使科伦坡港成为整个南亚的航运中心，重塑斯里兰卡海上丝绸之路的中心地位，将斯里兰卡建设成为一个连接东西方的海运、航运、贸易和商业中心。

谈到合作的缘起，孙总告诉我们，早在 2004 年，时任斯里兰卡总理设想打造一个中央商务区向海上延伸，希望他们帮助他把构想落地。孙总说，"双方可谓是一拍即合，一方面斯里兰卡有需求，一方面中国企业有这个优势，所以就发挥中交优势，吹沙填海，吹填出一块地来，往海上去发展，就这样逐渐把设想变成了现实。"

所谓"吹沙填海"，简称"吹填"工程，是依靠船泵将海底的沙水一起吹进目标圈内，海水流出，沙子留下，渐渐地海面就被不断吹进的沙子填成了陆地。我们特意去了斯里兰卡的吹沙工地，见识了一下传说中的填海造岛"神器"的神力。

早在 2016 年 9 月，中国交建第一艘大型疏浚船"万顷沙"

抵达斯里兰卡开始吹填作业。随后包括亚洲最大耙吸式挖泥船"浚洋 1 号"等更多施工船舶抵达，加快了吹填速度，逐渐填出了城市地基的雏形。据中交当地负责人介绍，科伦坡海港城的吹沙填海作业工程极为巨大，每天用来填海的沙子可以把一个标准足球场覆盖整整 21 米高，整个项目需要吹填 6500 万立方米的海沙，换算下来大概相当于 600 个足球场的吹填面积。

在斯里兰卡吹沙填海工程遇到的最大挑战是当地的气候。斯里兰卡地处印度洋的中央，盛行季风，每年 5 到 10 月份

斯里兰卡"吹沙填海"作业

都有西南季风，伴随着强烈的降雨。所有的吹填工程连同防波堤施工都需要停工避开西南季候风期，在过去两年，实际上中交为了回避西南季候风期，就等掉将近 10 个月时间。此外，吹沙填海对沙子的品质有严格要求，项目是从 25 千米以外，超过 30 米的水深取沙运到现场，同时也有极其严格的环保要求。据其官宣数据，在过去 4 年多的时间内，中交 4 艘超大型耙吸挖泥船不分昼夜工作，日吹填工程量高达 25 万立方米，累计完成 7400 余吹填船次。

孙总告诉我们，虽然这个项目是 2004 年的动议，但真正落地加快推动，是在"一带一路"倡议提出来之后，2013 年开始实质性的开工建设。秉持着共商共建共享的精神，大家共同参与项目的策划、规划、建设，最终预期形成 2.7 平方千米的可利用、可开发的面积。整体目标在契合斯里兰卡国家发展战略的基础上，由斯里兰卡政府投入优惠的政策，按照当地的法律法规，在环保标准的严格要求下，取得围海造陆的许可；中交集团负责全部的出资建设，在建设完成之后，跟政府来共享成果回报。

2023 年是共建"一带一路"倡议提出 10 周年。作为中国最早开拓海外市场并且国际化经营最具代表性的企业之一，中交集团举办了共建"一带一路"10 周年发布会。在发布会上，中交集团回顾了共建"一带一路"10 年发展历程，发布并表彰了共建"一带一路"十大工程，斯里兰卡科伦坡港口城项目入选。斯里兰卡科伦坡港口城项目是中国企业在海外进行的首个世界级的城市综合开发项目，也是"一带一路"沿线高端旗舰项目的典型代表。中交发布了项目的一组最新数字：项目形成土地面积269公顷，其中可商业开发土地约178公顷。项目一级土地开发投资近14亿美元，带动二级开发超过130亿美元。港口城项目将对斯里兰卡经济、民生的发展带来巨大推动作用，为斯里兰卡民众创造约8.3万个就业机会。

我想起了当时在斯里兰卡节目录制现场，孙总带来的一张图片，那是一张他亲自画的"笑脸"。他解释说："这是中交的笑脸模式，叫'一带微笑一路通达'，也就是'一带一路'微笑通达之意。一只眼睛是汉班托塔市，依托港口产业的发展，带来城市的升级和发展；另外一只眼睛是科伦坡港口城，是我们现场脚下的土地。下面有着微笑弧度的嘴就是科伦坡到汉班托塔的高速公路，这两个项目是一个整体，互为补充、互为促进。这是'一带一路'共建项目在斯里兰卡区域的样板之一，这种模式可以复制到'一带一路'沿线的所有国家和地区，甚至发达国家都是适用的。"

孙总曾有一个比喻："中交过去一直是'包工头'，自己就像'麦客'，插下旗帜干活，拔起旗帜就走人。"但现在，中交已经从当初单纯的麦客形象成为现在共商共建共享平台的打造者，中交在完成着自身的角色和使命的转变。"一带一路"微笑通达的笑脸不仅绽放在斯里兰卡，也将继续绽放在中国与世界交融的更多地方。

→ 世界级大桥中国造：以小见大的神髓

"分辨每一条鲣鱼、每一锅高汤的不同滋味，修炼可以锁住食材切口水分的刀工，烤出外皮酥脆、肉质软嫩鲜甜的香鱼，寻找能够带出食材原味的微妙酸度，表达白饭的乐趣，等待柿子最美味的时刻来临，让菜单成为令人喜悦的安排……"

这段文字取自《日本料理神髓》一书，它描述了极致的烹饪手法，表现了日料匠人用细节成就美食、在日复一日中精益求精地打造让人难忘的料理的精神。这本书来自港珠澳大桥的总工程师、中交集团港珠澳大桥岛隧工程项目总经理林鸣的特别推荐。第一次看的时候，感觉这是一本让人看了会饿的书。

港珠澳大桥，被称作是"现代世界七大奇迹"之一，它是世界上最长的跨海大桥，有着世界上最长的公路沉管隧道和唯一的深埋沉管隧道；全长 55 千米，建造用钢量 42 万吨，相当于 60 座埃菲尔铁塔的用量；64 项技术创新，400 多项专利技术，设计使用寿命 120 年；是世界公路建设史上技术最复杂、施工难度最大、工程规模最庞大的大桥。

港珠澳大桥青州航道桥

　　2018 年，港珠澳大桥即将全面建成通车，这已经不是中交集团第一次打造超级工程，但这样分量的超级工程在中国乃至世界的桥梁建筑史上也属首次，我们的节目自然不能缺位报道。中交的相关负责人也第一时间与我们策划沟通，把建成通车前的首个深度访谈"交付"给了我们，并且要在港珠澳大桥现场录制。节目正式录制之前，我们节目组特意先来港珠澳大桥找总工程师林鸣做节目前的沟通。

　　港珠澳大桥是历时 7 年、由上万名中国工匠打造的超级工程。为了不影响全球最重要的贸易航道——伶仃洋航道的轮船通航，以及全球大型枢纽机场——香港机场的飞机飞行，并综合考虑环境因素的影响，港珠澳大桥被设计为由桥梁、人工岛、海底隧道组成的综合性工程。然而，直到开工之前，外界都不相信中国能够完全凭自己的力量把这座桥建起来。作为总工程师的林鸣，面对的挑战和压力可想而知。但一见面，林鸣却给我们推荐了一本讲日本料理的书，为什么？

在正式建成通车前到访港珠澳大桥，我们算是参与建设大桥之外最早来见识大桥的人。我们首先登上的是东岛，身后就是香港大屿山，脚下是伶仃洋，前方是穿过这个岛和海底的一段隧道，从这里能到达珠海和澳门。也是在这里——东岛之巅，我们第一次见到了林鸣，这里也将成为我们几天后录制节目的场地。

当时林鸣正在进行每天必行的"功课"——来大桥上视察。林鸣是一个有着典型工程师精神的人。有人说，科学家主要负责解决"卡脑子"问题，工程师则主要负责解决"卡脖子"问题，做事认真，追求极致。我们当时问他："给即将建成通车的港珠澳大桥打几分？"他很严谨地说："分不好打，但我觉得是一个好的工程。"然而林鸣身边的人却"揭发"他："他说不好给大桥打分，却每天给我们打分。"意思是，林鸣天天来大桥视察，给各项工作打分。我们问他天天来检查什么，他说："是细节，工程的细节，细节决定能不能成为一个好的工程，现在我们总体的方案应该是不错的，最后能不能成为好工程，还要看同事们能不能共同努力。"

　　光说"细节"这个词，可能大家没有特别的感觉，但林鸣的细节，包括但不限于小地砖、路灯地砖、井盖地砖、路缘石的缝隙、遮光罩无偏差的角度等。举几个例子来感受一下：当时我们看到岛上随处可见只比手指头大一点的地砖，它们是被工人切割出来的，并且边边角角拼接得严丝合缝；看起来没什么特别的井盖，玄机在看不见的地方，摸一下它的内缘，干净到手上没有留下痕迹，完全刷新了大家对井盖的认知。最让我们惊叹的是，如果在岛上细看，能发现砖与砖之间几乎没有缝隙，因为工人们铺砖时都要拿着线丈量；工人们还要把一个小塑料片放到每个缝隙处，来保证每块路缘石接缝的位置，缝宽都保持一致。以上这些细节，都源于林鸣的要求。严谨的工序也不仅限于这些地面上的小细节中，我们抬头看到了一些"门形"的白色减光罩，据介绍，所有的横梁与纵梁之间的折角不是 89.9°，也不是 90.1°，而是完完全全的 90°，不用说，这也是林鸣要求的。他自己也说，这个减光罩装到最后，还是检查到有大概 5 毫米的偏差，因此还是要求工人去把它 1 毫米、1 毫米地全部磨掉。现在再去看，那就是 1 毫米都不差。

　　同事现场"吐槽"林鸣的眼睛特别"毒"："每天，林总只要一进入我们现场，我估计 300 米范围之内的所有的东西都在他眼里，他都在看。看你的点、线、面做得到不到位、直不直、平不平。"林鸣的眼睛"毒"到什么程度？有一面木板墙拆了改、改了拆，反复不下六七次，所有人都认为没有任何问题了，林鸣还是说颜色不对。有意思的是，在节目录制现场，他的同事解释说最后因为细微的色差不断返工，林鸣悠悠地来了一句："那不是色差，是反光。那个反光的感觉是不对的，得拆。太阳照过来，从侧面一看，那个反光一下子就能感觉到，所以就叫他们把那个反光解决掉，变成了哑光。"

这一番话，林鸣的同事显然早已见怪不怪，我们这些外人听得不禁又敬佩又有些"骇然"，忍不住问他："那您平时都是怎么检查这些细节的？都是用眼睛看？亲手上去摸？"结果林鸣依旧镇定自若地说："那倒也不需要，像这种9米高的柱子，100多根并排竖着，如果出现8毫米误差，我站老远就能看出来。有时候需要把脸贴在墙上看平不平，钻到底下去检查工作人员活干得干不干净。"听到此处，我们已经彻底服了，也追问不出更极致的做法了。此时，我的脑海中又出现了林鸣推荐的《日本料理神髓》一书中的段落：

"如果没办法从每次熬的高汤中得到启示，就算熬一百次也一样没有任何效果……如果能够将每一个阶段会产生怎样的结果都记录下来，直到有一天，只要一闻到高汤的气味，就可以清楚地掌握高汤熬煮的状态。此外，如果想要调制某种特定的味道，就可以推算出究竟该用多少分量、熬多久的

港珠澳大桥东人工岛四层菱形天窗

时间，结果应该不会差距太远。"

至于吗？对于港珠澳大桥这样一个耗时、耗力、耗钱的超级工程、系统工程来说，对这些完全不影响大局的微小细节，甚至一般人肉眼都观察不到的、无伤大雅的细节如此较真，有必要吗？汽车以 100 多千米的时速开过去，谁会在意一处缝隙呢？我想这是所有人听到这些故事的第一反应。听了我们的问题，林鸣也没有显露出被挑战、被质疑的情绪和局促："设计就要求它一定要有艺术性，你不把它当作艺术品做，你就不能实现设计的要求，它不仅仅是一个功能诉求。"

林鸣的好朋友、国际权威桥梁专家、香港土木工程署前署长、有着香港地区"桥王"之称的刘正光也来到了现场，他进一步替林鸣的这番话做了解释。刘正光说："工程本身就是艺术，当然工程里面有技术跟艺术，达到标准是技术要求，但是工程不管是桥梁还是隧道，一定要达到美的境界，这是艺术要求。港珠澳大桥的设计使用寿命是 120 年，怎么保证120 年？很多细节你在规划图上看不到，在施工图上也感受不到，但在施工的时候你自己可以看得到。"

林鸣秉持的理念对参与港珠澳大桥建设的每一个人触动都很大。"每一次都是第一次""这一生至少要做一次傻瓜"等都是他说过的、曾经轰动了整个项目组的话。要想使得这个工程不止达到功能性要求，品质也达到一流，那么，对林鸣的团队来说，任何一点瑕疵都绝对不允许在这里出现。做到这样的程度，也不单靠一朝一夕的锻炼，而需要提升每一个操作工人的理念才能做到。

为什么一个超级工程的总工程师，会推荐一本做料理的书给我们？此时我们有了答案。在港珠澳大桥的建设过程中，林鸣也在一遍遍地读这本书，从字里行间感受工匠精神，也将工匠精神注入大桥的每一个角落。也正是这种"零瑕疵、零缺陷"的严谨态度和施工理念，成就了港珠澳大桥这项世界级的精品工程。

事实上，在承接这样一个超级工程之前，别说林鸣，整支承建队伍中都还没有人接触过这么复杂的工程。我们问他，开始的时候有信心吗？林鸣老老实实作答："当时是无知无畏，因为整个兴趣在桥上面，沉浸在能够承接这样一个超级工程、迎接挑战的兴奋中，其他并没有想得那么多。但后来逐步认识到这个工程的困难，尤其是沉管隧道部分。"

2007年的时候，林鸣去韩国考察，因为韩国正在建设当时全世界最大的一条公路沉管隧道，大家想去学习取经、寻求合作。这一次的交流学习，给林鸣留下了非常难忘的感受，但这份感受并不是来自学到了多少经验的收获，而是来自一次碰壁经历，收获的是一份有点不好受的滋味。当时林鸣一行在海上，要坐船从海上过去，他们和接待方提出能否靠近一点看一看对方的沉管隧道，但对方拒绝了。最后他们只能在300米左右的地方远远地看上一眼。林鸣叹道："没看到隧道，隧道的门都没让我们过去，隧道的边都没摸到。"

回忆起当时和这家韩国公司的交往过程，林鸣说，这家公司是全球在沉管隧道方面最有经验的公司，他们认为承接港珠澳大桥项目要承担很大风险。从他们的专业判断来看，港珠澳大桥有33节沉管，只要有一个沉管出问题，整个工程就会出问题，他们不愿意冒这个险。所以林鸣团队最终没有实现与韩国公司的合作。

当没有外在力量可以依靠的时候，就只能靠自己了。林鸣说："最终我们决定自力更生，应该说也是被迫去做这样一个决定。"靠着自主创新的技术突破、精益求精的工匠精神，以林鸣为代表的中交团队完成了交通建设史上技术最复杂、施工难度最大、工程规模最庞大的桥梁建设，也惊艳了世界。

港珠澳大桥于2009年12月15日动工建设，于2017年7月7日实现主体工程全线贯通，于2018年2月6日完成主体工程验收。我们节目录制完成的一个月之后，同年10月24日上午9时，港珠澳大桥正式开通运营。2023年经港珠澳大桥珠海公路口岸出入境旅客超过1630万人次。2024年2月13日，港珠澳大桥珠海公路口岸单日出入境客流达14.4万人次，单日出入境车流首次突破1.8万辆次，双双刷新历史最高纪录。

桥梁，是一个国家科技水平和综合国力的重要体现。曾经，架起一座连接深山峡谷、跨越江河湖海的大桥，是许多中国人最执着的梦想。伴随着经济发展和技术水平的提高，如今，不论是桥梁数量，还是桥梁技术，中国桥梁的"金字招牌"早已享誉世界，也向世界展示着"中国建造"的非凡实力。"世界级大桥中国造"，背后是国家的综合经济实力和社会发展成就支撑了港珠澳大桥这样的超级工程建设，是以中交为代表的中国企业实力，也是中国的实力。

➔ 敢问路在何方——"征战世界屋脊的罗盘"

"初心不变，信物百年。我是今天的信物讲述人王彤宙。我代表中交集团的 16 万名员工，给大家介绍我们的企业信物，请看——

"这是一只老式地质罗盘，今天已经没有人再继续使用它了。但是，在 71 年前，我们共和国交通建设的先驱们，中交人的前辈们，就是在它的指引下，穿过雪域高原，跨越绝地天堑，在世界屋脊上完成了新中国的第一号交通重点工程！"

这是中交董事长王彤宙在建党百年之际录制《红色财经·信物百年》时的开场白，在他手边的就是这件堪称百集纪录片中最难找的信物之一———一只看上去其貌不扬的老式罗盘。

齐树椿川藏公路踏勘用罗盘

事实上，在寻找信物的最初，中交并不犯愁。因为从一开始中交的信物精神和方向就非常明确：要寻觅能够承载"两路精神"的信物。20世纪50年代初，共和国交通建设的先驱们、中交人的前辈们在几乎没有任何工程地质资料的情况下，翻越了百余座雪山、踏勘了上万千米，靠着铁锤、钢钎、铁锹和镐头等原始工具，用生命和热血建成川藏、青藏公路，结束了西藏没有现代公路的历史。2014年，在川藏、青藏公路通车60周年之际，习近平总书记作出重要批示，把"两路"精神概括为"一不怕苦、二不怕死，顽强拼搏、甘当路石，军民一家、民族团结"。可以说，"两路"精神是中国交通人和交通运输行业的精神之源，也是中交人的精神之源。中交作为青藏公路、川藏公路建设的深度参与者，自然想找一件在建设过程中能够体现"两路"精神的信物。中交集团发动参与两路建设的公规院、一公院、二公院广泛征集能代表中交精神的信物。各单位都很重视，找到大量与两路相关的原始资料和物件，但主要集中于图纸、报告、总结等档案材料，不能令人满意。接下来再发动一轮各单位寻访参建主要人物家属，重点寻找当年保存下来的实物，筛选了几遍也没有特别令人满意、能称得上是"信物"的物件。当时我们建议，接下来就重点寻找建设者在两路建设过程中日常使用、随身携带，也是修筑公路必不可少的工具。但因年代久远，当时的建设条件又比较艰苦，建设者们也基本没有特意留存下什么物件，寻找信物的行动又一次陷入了僵局。

这个时候，了解中交历史的有关负责人想到了一个人——中交一公院原总工程师齐树椿。他是我国公路勘察设计专家，他在国内首次带队完成了青藏、康藏、青新公路的踏勘测量。更重要的是，这位负责人还想到了著名油画家董希文曾给齐树椿先生画过一幅画，名叫《踏勘在雀儿山上》，并刊登于 1956 年《新观察》杂志的封面。那时，画中的他才 40 多岁，头发却已经花白，苏联专家尊称他是"独眼设计师"，环境恶劣加之长期营养不良，导致齐树椿正值英年便单目失明。工友们说他是"赤脚测绘员"，不到 5 年里跑了数万千米，徒手翻越百座峻岭，踏勘选出青藏公路的最终路线。在这幅画中，齐树椿手里拿的一只罗盘，据说就是他在踏勘测量中片刻不离身的"宝贝"。齐老已于 2002 年去世，这件当年的工具是否还有留存？中交一公院第一时间联系上了齐老的家属，我们的导演也当即一同赶到了齐老的家里。令人欣慰的是，齐老对工作用过的物品比较重视，都有留存，齐老去世后，家属也一直在珍藏保管，他们提供了齐老踏勘川藏公路时用的罗盘、坡度仪和踏勘油画。中交集团和我们商议后，最终选择了罗盘作为中交的信物，这也象征着一代又一代中交人始终践行国家战略、服务交通强国的方向。

在接下来对曾经的见证者、当事人进行访谈的过程中，导演们了解到齐老当年的故事，有一个场景让他们感动不已，当场落泪。青藏高原上，茫茫的雪域冰川，泥石流暴发是常有的事情。当时在为建设川藏公路进行测量时，经历了一场罕见的泥石流，其中最大的石块足足有 10 立方米。据当时的测绘员回忆说，他们在 1.5 千米路之外，都能听到泥石流滚落而下时发出的响声。面对如此大规模的冰川崩塌，大家一时间有些束手无策，就连苏联专家也说"从未见过如此大规模的泥石流"。齐树椿当时担任川藏公路第二测量总队总队长，他赶到了冰川崩塌的地点，决定亲自探索冰川的情况。因为冰川探索任务充满危险，采取自愿报名的办法，到了冰川之上，齐树椿从中挑了两名尚未成家的年轻小伙子，其余人留在山腰观察测量。做完工作安排之后，齐树椿拿着那个陪伴了他多年的罗盘，走入了七八十米深的沟谷。

1950 年，为了打通入藏的通道，十多万筑路大军陆续踏入这片禁地。当时为大军开路的，就是像齐树椿他们这样的公路踏勘队。当年，在总长 4360 多千米的"两路"上，牺牲了 3000 多名英烈，算下来每一千米就将近有一位筑路人献出生命。1954 年 12 月 25 日，川藏公路和青藏公路两路通车典礼在拉萨举行，这是踏勘人与筑路大军用生命修建的天路，西藏从此迈进现代文明之门。

事实上，在当时的踏勘队里，罗盘算是最先进的设备了。踏勘队员计算全靠纸笔，用铅丝代替皮尺。测量距离只能数着步子走，每走 100 米，就往口袋里放一块小石子，10 块小石子换一块大石子，晚上再靠石子的数量来判断走了多少里路。有人用卫星遥感影像和无人机测绘技术重新测量了当年川藏公路的路线，其结果令人震惊，现代科技竟然与当年依靠罗盘指引、脚步丈量找出的路线相差无几，这是踏勘人在艰苦的环境下创造的工程奇迹。从新中国成立之初，我国人均铁路长度不足 5 厘米、人均公路长度不到 20 厘米，到如今公路总里程突破 500 万千米，高速铁路、高速公路以及港口万吨级泊位数量均位居世界第一。这只小小的罗盘，见证了中国公路交通事业从起步到腾飞的光辉历程，也见证了中交人的辛勤付出。

世界上海拔最高、难度最大的两条公路——青藏公路、川藏公路，"影响未来的 5 座新城"之———科伦坡港口城，世界最长跨海大桥——港珠澳大桥，这是我带来的 3 个中交故事。

中交集团的企业愿景是"让世界更畅通、让城市更宜居、让生活更美好"，中交集团的企业使命为"固基修道，履方致远"。何为"固基修道，履方致远"？《说文解字》解释："基，墙始也。从土，其声。"亦指基础。"履方"，出自《汉书·冯奉世传》"鞠躬履方"一语。"履"即践行。只有打好根基，才能走得更远。

中交集团以此使命为动力，累计建设的公路里程达 5.2 万千米，其中高速公路占全国总里程的 15%，是中国公路工程建设的主力军；参与建设京沪、哈大、沪昆等 50 余项国家重点铁路工程；建设北上广深等 20 多个大中城市轨道交通工程，助力中国城市不断提速；先后参建了世界最长沙漠高速公路——京新高速，建成了全球规模最大、最先进的全自动化码头——洋山深水港四期码头，设计研发了拥有自主知识产权的亚洲最大、最先进的自航绞吸式挖泥船——"天鲲号"，新世界七大奇迹之一——北京大兴机场等一大批震撼世界的超级工程。在浩瀚的大海间架起马尔代夫最重要的岛屿连接线工程——中马友谊大桥，让当地人民之间、马尔代夫和中国手牵手心连心；在崎岖的山路中铺出肯尼亚建国以来最大的建设工程——肯尼亚蒙内铁路，助力当地人民发家致富；在荒芜的荒地上，建起南苏丹唯一的国际机场——南苏丹朱巴机场，让当地联通世界……中交集团用一条条致富路，一座座连心桥、发展港、幸福城深刻诠释了"大道不孤，德必有邻"的国家发展理念。

世界超级工程"中国造"，这是中交的故事，也是中国的故事。

第五章　5

中国石化

增长的刻度

奔跑者

中国经济脊梁

奔跑地

新疆塔里木盆地
"深地一号"顺北油气田

　　我们现场连线了塔里木盆地"深地一号"顺北油气田的中国石化西北油田分公司开发领域负责人。他介绍说，顺北的油气井实施无人值守管理，油气通过管线输送至联合站。现场画面以及生产运行参数，通过信息装置，实时传送至几十千米以外的顺北生产运行指挥中心，技术人员实行远程控制。现场传回的画面有一点出乎大家的意料，因为我们想象的是如千军万马般热火朝天的油田钻探场面，本以为会看到一片浩大工程，事实证明，现场安安静静，已实现了远程管理。

说到中国石油化工集团公司（简称"中国石化集团"），给人的第一印象是什么？三桶油之一的巨无霸、庞大的体量规模、为我国能源安全保驾护航、生产生活不可或缺的必需品、全球石化产业版图的重要力量，等等。2023 年，《财富》发布世界 500 强榜单，中国石化集团位列世界第六、中国第三；在《财富》发布中国上市公司 500 强排行榜中，中国石化集团旗下的中国石化股份有限公司位列第一。除了体量和规模，中国石化在助推全球可持续发展、履行社会责任方面也一再攀高。2023 年年底，中国石化获得了总台首届《中国 ESG 榜样盛典》之"十大 ESG 榜样企业"荣誉。ESG 的核心理念是"创造利润之上的价值"，这也是对这家连续多年雄踞《财富》500 强榜单的中国企业，从发展壮大、做大做强，到致力于将绿色、安全、低碳、负责任等可持续发展理念全面融入公司发展战略，与利益相关方携手创造可持续发展价值的认可。

　　可以说这些第一印象都是中国石化的标志性身份特征，却也未能展现整片丛林的深处。两年前，我们策划了一个特别节目系列——"中国产业坐标"，选取中国国民经济支柱行业的企业作为中国产业坐标系的重要参照，因为这些企业的发展历程刻画出了其所代表的行业的发展历程，以及整个中国经济的发展历程，它们的重要发展节点在中国、世界经济版图上都镌刻下了难以磨灭的经纬度，共同构成了中国经济发展的坐标系。其中，中国石化作为石化行业举足轻重的代表，带来了属于它的维度——"中国深度"。此外，建党百年之际的特别节目《红色财经·信物百年》在信物筛选阶段，中国石化一口气带来了 11 件信物，覆盖了企业发展、中国石油石化产业发展历程的诸多重要历史节点。虽然最终只选择了其中的一件信物，但这 11 件信物，件件有故事，件件见精神，让我对中国石化，也对中国相关领域的产业发展和经济脉络有了更深刻的认识。

进入全球榜单的发展"高度"、向地球深部进军的产业"深度"、精神谱系的覆盖"广度"，中国石化在不断地丰富着它的"刻度"，完善着它的坐标系。我眼中的中国石化，就从这 3 个"度"背后的故事说起。

➲ 3 件信物的故事：精神谱系的覆盖"广度"

"信物"作为《红色财经·信物百年》节目的核心元素，可以说是这部纪录片能够成立的决定性因素。即便有信物精神、信物故事、讲述人，但如果没有合适的信物承载，一切都无从表达。因此，找信物也成了这 100 家企业相关负责人在前期准备时的头等大事。但正可谓几家欢乐几家愁，中国石化在100家企业中，绝对属于找信物的"优等生"和"凡尔赛"选手。正当有的企业为找信物犯愁的时候，中国石化在我们第一次见面时就一口气拿出了11个信物方案，不光图文并茂，甚至在第一次开信物策划会的时候，有个别信物原件直接被带到了现场，让我们大为震惊，可以说开局就是"王炸"。中国石化的信物策划会开了很长时间，不仅是因为信物多，还因为每件信物背后丰富的故事都吸引了大家，它们不光是企业的故事，也是行业的历程，更是新中国发展的见证。

可能很多人都知道，有一本著名的地理杂志，每个月都会从众多的优秀摄影作品中选出一幅作为封面，但在这期杂志出版的时候，也会把其他没有入选的"遗珠"在杂志里登出，展示给大家。有时落选的摄影作品不是因为不够"好"，而是在综合考量之下，只能选出最适合、最恰当、最有代表性的那一幅作品。我们的信物筛选面临的抉择也类似，不同的创作载体有不同的标准，选择是在标准的框架下进行的。虽然在最终呈现的纪录片里，每家企业只能展出一件信物，这件入选的信物将具有其唯一性和不可替代性，但我一直希望能有一个机会把那些信物"遗珠"的故事讲给大家听。今天，我就想在这篇文章里，实现这个愿望。当然，在此篇的最后我会揭晓入选的信物，对没看过中国石化这集纪录片的读者来说，可以在阅读过程中猜一猜我们最终的选择，是不是和你心目中的那件信物一致。接下来我就从11

件信物中选取 3 件，跟大家分享它们的故事。

第一件"信物"："新中国第一号发明证书"。

新中国第一号发明证书

1953 年 7 月 1 日，中央工商行政管理局 [1] 颁发"发明证书发字第壹号"，发明名称为"侯氏碱法"。从 20 世纪 60 年代起，氨碱联合制碱工艺在我国纯碱行业全面推开，目前侯氏"联合制碱法"仍然是国际制碱领域的先进技术。

化学课本上简单的化学公式、历史课本的匆匆一瞥，背

---

① 现为国家工商行政管理总局。——编者注

后有着鲜为人知的风霜雨雪。永利碱厂是中国企业家创建最早的制碱厂，有两大拳头产品——"红三角"牌纯碱和化肥。碱是老百姓日常生活的必需品，碱更是国家发展石油、冶金、纺织、造纸等离不开的重要原材料。

1921年，从美国麻省理工学院化工科毕业、刚刚获得哥伦比亚大学博士学位的侯德榜回到祖国，那时候中国的化工业极其落后，一直难以摆脱被国外制碱技术垄断的命运，中国市场一磅①纯碱的价格，相当于一盎司②黄金的价格，想要实业救国必须拥有自主的制碱技术。

1937年12月4日，侵华日军开始攻打南京，侯德榜一手创办的永利碱厂遭到日军轰炸，此时制碱法试验刚进入关键阶段，容不得半点闪失。南京的中共地下党组织第一时间带领工人护厂，保护关键的设备、图纸转移到四川继续发展，短短三个月，就在各种物资都极度匮乏的犍为县五通桥建起了永利川厂，开始继续制碱法试验，保护这难得的科技火种。大山外的战火在继续，大山里的科研也在继续，经历3000多次的试验，"侯氏碱法"终于成功了。

在那个年代，"侯氏碱法"曾代表着世界领先水平。然而内忧外患、政治腐败的旧中国，让它无法得到有效应用，无

---

① 一磅约等于453.6克。——编者注
② 一盎司约等于28.35克。——编者注

法发挥其巨大的科技和经济潜力。20世纪40年代初的永利碱厂，空有"侯氏碱法"技术，却没有生产出一克纯碱，更没有能力实现新法制碱工业化。

它只能等待，一等就是8年。新中国成立后，4亿多人民吃饭穿衣的问题成为党中央急需解决的问题，纯碱和化肥的生产成了当务之急。

为了扩大烧碱生产，自1949年起，中央用于永利碱厂恢复生产的投资贷款高达563亿元旧币，相当于现在的563万元人民币，短短的3年，永利碱厂的纯碱生产就大幅度地增长。1953年中央行政管理局刚刚成立，就在当年7月1日中国共产党生日这一天，把新中国第一张发明证书颁发给"侯氏碱法"，这张发明证书代表着进口"洋碱"的时代一去不复返了，也代表着我国的技术发明已经开始独立自主，在国际上的自有技术工业化生产领域中站起来了！

第二件"信物"：现在仍在使用的"红领巾阀"。

1984年5月，江苏省800万少先队员捡废为宝捐款18 511元3角5分支持国家重点工程——仪征化纤项目工程建设，仪征化纤党委将这笔捐款用于购买涤纶一厂首条投运聚酯切片生产线上的浆料出口三通阀和纺丝车间喷油水机，并挂上"红领巾阀""红领巾喷油水机"的标牌。1983年3月进厂的聚酯部一装置主任技师骆心嘉说："37年前投用的红领巾阀，目前仍在使用。"这是当年全国人民，特别是江苏人民

"红领巾阀"

全力支持仪征化纤工程建设的一个缩影。

仪征化纤，是中国石化仪征化纤股份有限公司的前身，目前是中国最大的现代化化纤和化纤原料生产基地。它起源于改革开放初期，当时国家为彻底解决人民的穿衣问题，缓解国内化纤供求矛盾，经国务院批准，年产量53万吨的仪征化纤项目列入国家22个重点引进项目之一。这是一个相当于当时全国化纤总产能的项目，是从根本上解决人民穿衣难题的战略性措施。由于国家当时的财力所限，仪征化纤工程一度被迫停缓建。为了救活仪征化纤项目，广大建设者解放思想，敢为人先，大胆探索国家拨款和国内外融资货款相结合的方式，分步建设仪征化纤工程。除国内借贷外，委托中国国际信托投资公司在日本金融市场发行 100 亿日元债券，为仪征化纤筹集一期工程进口设备急需资金。这是新中国成立后第一次在国外发行债券，结束了新中国"既无外债，又无内债"的历史，成为中国经济观念改变的标志性事件。仪征化纤开创的"借债建厂、负债经营"的投资建设方式，在国家大型建设项目史上是首创，被称为"仪征模式"。

1984 年 3 月，江苏 800 万少年队员积极响应团省委"关心四化建设，支援重点工程"的号召，他们业余勤工俭学，捡废圆珠笔尖、废电池帽、废铜等，共集资 18 511.35 元，为仪征化纤工程建设尽一分力，同时还精心制作了书画、笔筒，缝制了不少针线包、饭盒袋，买了不少手套、鞋垫等，以表示对工程建设者的亲切慰问。

1984 年 5 月 30 日，江苏省南京市、仪征市少先队员在仪征化纤举行了捐献仪式。公司党委将这笔捐款，购买了仪化首条投运的聚酯切片生产线浆料出口三通阀和纺丝车间喷油水机，并挂上"红领巾阀""红领巾喷油水机"的标牌，精心维护，"红领巾阀"使用至今。

1990 年，仪征化纤一、二期工程全面建成投产，形成年产 50 万吨化纤和化纤原料生产能力，占全国合成纤维产量的三分之一，涤纶产量的二分之一，相当于全国棉花总产量的八分之一，能给全国人民每人每年提供 5 米布料，添一套"的确良"新衣。

第三件"信物"：中国第一家在上海、香港、纽约三地上市的国际化上市公司——上海石化 H 股股票样张。

上海石化 H 股股票样张

1990 年，上海石化意识到企业已困难重重：产权和债务界定不清，投资方式和产业现状配置不明，工程项目产生的效益无法抵衡债务本息的浮涨，连本带利 58 亿元的债务使企业精疲力衰，企业办社会造成 12 万人口沉重的社会负担。企业的出路在哪里？只有股份制改制。

1992 年 6 月 6 日，上海石化总厂做出历史性决策，向中国石化总公司和上海市政府递交了《上海石化总厂进行股份制改制的申请》。

1993年4月9日，中央下发文件，明确指定上海石化、青岛啤酒、广船国际等9家企业为股份制改制试点企业。以中共中央文件形式明确中国企业股份制试点的具体单位，这在共和国历史上绝无仅有。

1993年6月29日，上海石油化工股份有限公司宣告成立。对外贸易部时任部长吴仪、中国石化时任总经理盛华仁、上海市时任副市长徐匡迪等出席了成立大会。《人民日报》刊登评论文章《是金子总会闪光》，称上海石化股份制改制是国有大中型企业的一次"凤凰涅槃""浴火重生"。

历史的时钟定格在1993年7月26日。这一天，上海石化叩开了华尔街百老汇大道18号的大门。当纽约证券交易所时任首席执行官威廉·H.唐纳森敲响铜锣，上海石化的英文缩写SPC第一次出现在股票交易大幕上时，具有150多年历史的纽约证券交易所顿时掌声雷动。当日，16.8亿H股在香港联交所和美国纽约证交所上市。11月8日起，上海石化A股分批在上海证券交易所上市。至此，上海石化成为中国第一家在全球三地上市的国际性上市公司。

那晚，中南海朱镕基办公室内，灯火通明。当上海市时任副市长徐匡迪向他汇报上海石化从国际资本市场一下子募集到50多亿元时，朱镕基高兴地称赞："王基铭同志做了一个厂长所能做到的全部奉献，为国企改革立了新功。"

上海石化股票的成功上市，在国际资本市场引起了巨大反响。香港著名的怡富证券在一份研究报告中称"SPC 是中国经济发展的最直接代表，是中国向国际资本市场发射的一颗'企业之星'……"；当年《财富》杂志评选最佳上市公司，上海石化名列第二，首次与香港第一太平、汇丰控股等老牌上市公司站在一起，成为中国国企在国际资本市场升起的一颗闪亮的明星。

以上是我从 11 个信物故事中精选出来的 3 个，这些信物出现于中国石化发展的不同阶段，也记录了中国石化工业发展的历程。现在故事看完了，你们认为哪一个会成为最终入选的中国石化信物呢？答案就是第一件信物——"新中国第一号发明证书"。正如信物讲述人，时任中国石油化工集团公司董事长，现任国务院国资委党委书记、主任，中国工程院院士张玉卓在录制时所说："侯氏碱法的发明成功，意味着我们已经跻身世界制碱业的龙头企业，开辟了我国自有技术的工业化生产。薄薄的一张证书，记录的是一部波澜壮阔的现代中国化工史，它是中国石化工业的里程碑。"

➔ 向地球深部进军：产业坐标的"中国深度"

"以十年为刻度，丈量产业新坐标。以发展为动能，开启时代新征程。"——这是 2022 年我们策划的特别节目系列"中国产业坐标"中的开篇句。我们选取了国民经济支柱行业的 6 家企业、6 位央企董事长,从不同坐标维度,呈现中国经济的发展成就。其中,代表"中国深度"来到节目录制现场的就是中国石化集团,我们请到的"中国深度"代言人就是中国石化董事长、党组书记,中国工程院院士马永生。

因为这个特别节目系列是采用"坐标"这个形象化的元素来做架构,在每期节目的开始,我们都有一个特殊设计的环节,请嘉宾为观众开启这期节目的地理位置坐标点位,展现一个由数字引入、现场连线企业的行业"代表作"现场。

"深地一号"塔里木顺北油气田远景

马董事长带来的数字是"-9300 米"，它是目前油气勘探领域，亚洲陆上最深的水平钻井，这个深度相当于一个"地下珠峰"。我们现场连线的就是"深地一号"塔里木顺北油气田现场。顺北油气田基地是中国石化"深地工程"的一部分，被命名为"深地一号"，位于我国塔里木盆地大漠深处。目前这个基地已经打出了 41 口超过 8000 米深的井。

看到这里，我们就要讲到第四件信物"遗珠"故事——中国第一块采自 8000 米地层以下的岩心。2004 年 9 月，中国石化西北油田接到一项特殊的任务，要求设计塔深 1 井，这让科研团队既感到兴奋，又感到忧虑。塔深 1 井的靶点在 8000 米的地层之下，比当时国内最深井还要深 1000 多米，科研人员深感责任重大。

这源于勘探开发研究院科研人员的一次意外发现。科研人员在处理解释连片的三维地震资料时，惊奇地发现了塔河油田深部具有大型的生物建隆[①]，这里距离地面 8400 米，是 5 亿年前寒武纪生命大爆发时期的产物，很可能储藏着丰富的油气。

2004 年，世界石油价格大涨，我国原油对外依存度呈现快速攀升状态，这一年石油进口量达 12 272.4 万吨，首次突破 1 亿大关，进口依存度也比 2003 年提高了 10 个百分点，

---

① 生物建隆是由各种生物以不同的生长习性在原地堆积而成的碳酸盐几何体，其形态呈正向隆起，厚度大于周围同期地层。——编者注

高达 44%。

我国深层油气勘探始于 20 世纪 60 年代，1998 年以来以开发塔河油田、库车山前克拉 2 气田为标志，深层油气进入规模增储上产阶段。其中，西北油田所属的塔河油田是我国首个海相碳酸盐岩大油气田，油藏像深埋在 6000 米以下的桂林山水，其中的溶洞便是储存油气的储集空间。

我国西部盆地，6000 米以下就属于超深层，再往下探索，多数科研人员都没有信心。在当时，8000 米以下没有发现过储层。西北油田立刻组织科研团队论证大型生物建隆的油气成藏成因。因为国内外没有先例，一切都是摸着石头过河，大家通过推进基础研究，认为这里很可能存在油气，值得去开展科学探索。

2005 年 4 月 6 日，塔深 1 井开钻，这是世界上第一口以寻找石油和天然气为目的的超深科学探井。当时，陆相油气理论支撑了中国石油工业，但是，伴随着大庆、胜利等陆相中浅层油气田勘探开发程度不断提高，深层海相层系成为我国油气勘探主要接替领域。全球在海相地层中发现了高达90% 的油气储量，而中国探明率仅 10% 左右，海相油藏的勘探成果与国家能源安全息息相关。

西北油田成立了 13 个专家组，保障塔深 1 井顺利钻进。然而，塔深 1 井目标埋深大于 8000 米，温度高于 160℃，压力大于 80 兆帕，钻井钻到一定深度后，比手臂粗的钢铁钻杆在高温高压下，像面条一样在地层中蜿蜒前进，每向下一米都是巨大的突破。这样十分耗费钻头，当时将世界上所有的钻头都试了一遍，钻头厂商全都住在井场附近，随时保持供给。令人惊喜的是，塔深 1 井发现了液态烃（轻质石油），拓展勘探面积近 17 万平方千米，塔里木盆地的勘探深度由 6000 米拓展至 8000 米以下。这是我国首次在 8000 米以下发现液态烃，打破了传统的石油理论，从而发现了油藏平均埋深在 7500 米以上的顺北油气田，为国家能源安全贡献了石化力量。

没错，我们的"深地一号"就是在实现首次突破之后，持续不断地技术革新，不断再攀新高，不断向更深处进军的发展成就。

打出这口亚洲最深的井，总共花了多长时间？马董事长告诉我们一个精确的数字——285 天。用他的话说就是："过去钻井按年计，现在都按天计了。"因为技术时刻都在精进，他们也一直在突破自己的纪录，当时他们打的另一口超 8000 米的顺北"4–12 井"，就只用了 128 天。马董事长认真地解释说，"这也是我们对自己的严格要求，因为多打一天就要多花好几十万，所以在未来还会不断创新技能，不断缩短时间。"

我们现场连线了塔里木盆地"深地一号"顺北油气田的中国石化西北油田分公司开发领域负责人。他介绍说："顺北的油气井实施无人值守管理，油气通过管线输送至联合站。

现场画面以及生产运行参数，通过信息装置，实时传送至几十千米以外的顺北生产运行指挥中心，技术人员实行远程控制。"现场传回的画面也的确有一点出乎大家的意料，因为我们想象的是如千军万马般热火朝天的油田钻探场面，本以为会看到一片浩大工程，事实证明，现场安安静静，如今的油田勘探早已实现了远程管理。现场到底需要多少人？马董事长给我们答疑："前方目前只有96名管理和技术人员，很现代化。实际上这个地方在勘探开发建设过程当中也确实有过'千军万马'的场面，油气田建成以后，利用了最先进的数字化、智能化的技术手段，现在这个地方不到100人，已经有200万吨的产能，实现了高效开发的模式。"

这个场景也让马董事长想起了1992年他在塔里木参加石油会战的经历。当年，马董事长31岁，在中石油工作，地质勘探专业出身的他，深入新疆塔克拉玛干沙漠腹地，三年半的石油会战一线经历让他终生难忘。马董事长说："当时虽然在这人迹罕至的地方生活条件艰苦，但是现在回忆起来的却不是艰苦，而是当时大家的激情和热情。"

马董事长继续道："早年的井多数是直井，发展到后期，钻头可以按照地质工作者设计的轨迹打，可以水平、大角度甚至可以往上打。这些井架外表看着一样，其实并不相同，有垂直井，有斜井，还有水平井。井下的管道直径为十几到二十几厘米不等。此次开启'产业坐标'的纵深9300米井，在达到地下 8070.49 米的时候，我们希望能够穿越更多的油气层，所以就把它设计为水平段，为什么油气的产量会那么高？就是得益于这种技术。"

但管道要通往近万米深的地下，还要确定有油，要了解地下的结构，要精准地知道在哪里拐弯，怎么才能打得这么精准？面对我们这一连串来自非专业人士的追问，马董事长给了一句像是大实话的回答："首先我们必须要知道它有没有油。"他进一步解释说："一个国际上非常著名的前辈说过，油在地质学家的脑袋里。地质学家通过大量的研究推导出，这个地方在哪个空间、什么深度、什么位置，会有油，会有气，这是首先要解决的问题——有没有油气。接下来就是工程实践，你有没有这个金刚钻，能否顺利地打得到，打得准，而且还能打得成。打下去以后，后续还有很多作业过程，而且这些过程都是乘法的关系，不是加法的关系，一个失败全部就归零了，这个过程前期有众多的科技人员和工程技术人员在支撑。我们认为在 8000 米下可以有油，可以有气，而且还有很好的储气空间，这么深的情况下肉眼是看不到的，这就需要我们利用地球物理学的手段。"

"相当于给地球做 CT（电子计算机断层扫描），它能够识别出地下的裂缝、断层的分布，精度能达到 15 米。"他打了一个比方："这个难度就相当于站在珠峰上钓雅鲁藏布江里的鱼，或者相当于在能见度好的晚上从飞机上往下看到地面上一间小房子的窗户里亮的一盏灯，就像这样的精度。通过这样的地球物理 CT 把下面储气空间清晰地描述出来，给我们的实验提供数据。钻井实际上就相当于我们从地表到地下 8000 多米的油层，修了一条公路，让油层能从地下流到地表，这条路修起来很难。我们专门研发了高强度、寿命长、转速快的钻头，使钻井周期大幅缩短。为了打得准，我们研发了能够抗高温、抗高压的高精度定向测量装备，这种仪器就好比在钻头上安了一只眼睛，瞄着它打，指到哪儿打到哪儿。我们国家加大了仪器装备的研发力度，从理论技术到装备的进步，支撑了我们能够向深部进军，能够把深部的油气高效地、安全地开采出来。"

在讲述专业领域内容时，马董事长用了不少比喻，实际上这也是来自我们的要求。在做节目的过程中，我们经常需要嘉宾对一些专业领域知识进行简化的阐述说明。因为节目的受众不仅有专业领域的人士，还有非常多的非专业观众，这也是我们做节目的目的——让不了解的人了解，搭建沟通交流的平台。这类话题会有两个难点，一是专业术语太过艰深，背后可能有一整套专业体系，如何用简洁生动的语言让受众明白，这是一个挑战；二是很多嘉宾作为专业人士，特别是理工科的专家，力求严谨精确，对通俗化的表达不认可，心里总觉得不踏实。这就需要我们和嘉宾进行充分沟通，达成信任、目标一致后，双方寻找最大公约数。通常我会有一些实用的建议，比如，在描述专家领域的数据时，最好要有参照系，否则对非专业受众来说，它就是一个无效信息。另外，也多采用一些生活中常见的、相对生动直观的比喻来进行解读。在这期节目的准备过程中，马董事长非常虚心地听取了我们的建议，他告诉中国石化的团队尽量配合我们，在科学、准确的基础上，为专业术语找到生动的表达，他自己也为此做了很多准备。

例如，当我们问道："人们对于深空和深海可能更有概念，说到了深空，会想到登上月球；说到深海，会想到在马里亚纳海沟探底。但是说到深地，这个坐标点到底该落在哪儿，到底多深才算深地？"马董事长解释说："深地其实是一个非常宽泛的概念，根据不同的阶段，可能这个深度的数字都在变化。英国的李约瑟博士写过一本书，叫作《中国科技史》，书里面就写到，世界上第一口超过 1000 米的井是在 1835 年由中国人用了 13 年的时间打出来的，在四川的自贡。当时是为了打卤水，找天然气，熬盐，这可能是现代钻井工业的奠基。但是现在大家标定的 5000 米都不算很深，可能要到 6000 米，超过 8000 米可能就是特深层了。但随着时间的推移，可能未来还会出现 10 000 米甚至更深的井。那从整个地球的角度，能不能打到地心？"马董事长用了一个生动的比喻："如果把地球比喻为一个鸡蛋，我们目前的探索可能就在蛋壳的位置上，再要继续深入，可能还需要几代人的努力。"

在这期节目里，我们跟随嘉宾们一路沿着深度探寻，看到了这些年我们国家油气勘探行业的理论认识和技术创新如何向深进发，看到了地球深部的资源和未来，也有了更多对未知的敬畏。

在节目最后，我们还为大家揭秘了一个信息——马董事长还拥有一颗以他名字命名的小行星——"马永生星"。这与前文中说到的普光气田等一系列发现有关。2007年，马董事长获何梁何利基金科学与技术成就奖，按照何梁何利基金委员会与国际小行星命名委员会达成的协议，70岁以下的获奖者10年以后可以申请获批这项荣誉。2017年7月，国际小行星中心命名委员会批准："国际编号为210292号的小行星正式命名为'马永生星'"。马董事长说，尽管这颗星星的发现者、中国科学院紫金山天文台的赵教授，几次邀请他去通过射电望远镜观察一下这颗行星，他都一直没有时间去。他想在未来的岁月当中有机会能去看一看，因为这既是荣誉，也是对他们不断向地球深部探索的激励。

➲ 生生不息的力量：全球榜单的发展"高度"

2023年12月2日，马永生董事长再次来到我们央视演播室。这次他代表中国石化来领取我们总台首届《中国ESG榜样盛典》颁发的"十大 ESG 榜样企业"奖项。

"西塞山前白鹭飞，桃花流水鳜鱼肥。"这是位于宁波市镇海区的世外桃源，而这片白鹭悠然自得的世外桃源却在中国石化旗下最大的炼化一体化企业——镇海炼化。

"位于莱州湾的胜利油田，油井数量从 48 口减少到 33 口，提升单个油井效益，'一增一减'间实现油田高效开发，减少碳排放。

"处于炼油化工环节的齐鲁石化在 2022 年建立国际公认有效促进碳减排的 CCUS（二氧化碳捕集、利用与封存）全产业链示范基地，实现油井'吃'进二氧化碳后'吐'出更多原油，达到封碳驱油，变废为宝。

"而在遍布全国的 30 808 座加油站，这里的车用汽、柴油标准从国 1 到国 6，油品硫含量降低浓度 99%。

"中国石化作为上中下游一体化世界能源化工行业的龙头企业，从源头到炼化再到终端践行全产业链的'净零'理念，5 年间，累计减少二氧化碳排放 2000 万吨以上，相当于近 1200 万辆轿车停开 1 年，中国石化以 ESG 治理推进化石能源全产业链的低碳化，这艘巨型能源航母，正在开启它的绿色航程。"

这是中国石化获得"十大 ESG 榜样企业"的获奖短片词。事实上，在和中国石化的董事长、相关业务部门的负责人一次次的深入接触中，我感受到，他们既有对专业领域的严谨坚持，也有着对不同领域的开放包容。特别是我接触比较多的宣传部门的伙伴们，近几年的传播工作做得活泼生动，新媒体的各种"玩法"也被他们应用得很到位。就像我们短片开头提到镇海炼化的白鹭，就是他们挖掘到的细节。

白鹭被称作大自然的"生态检验师"，对环境要求较高。鹭鸟选择繁殖地有 3 个必要条件：茂密的植物、稳定的水源和充足的食物。为何镇海炼化能留住白鹭？镇海炼化良好的生态环境和完整的生物链是它们不离不弃的原因。厂区茂密的植被，绿化率达到 42%。厂区内沟渠和附近海边滩涂里的小鱼、小虾为白鹭提供了丰富的食物。镇海炼化正好位于"东亚–澳大利西亚候鸟迁飞区"范围内，该区域是全球主要候鸟迁飞区之一，白鹭万里迁徙，春来秋去。由于厂区内良好的生态环境，每年春天，都有近千只鹭鸟在厂区内的炼塔之间的小树林里筑巢繁衍。为了记录并展示生物繁衍生息的珍贵画面，镇海炼化架设数台高清变焦摄像机，在白鹭春归到白鹭秋去这长达半年的时间里，进行全天候 24 小时的直播。中国石化还在浙江生态日当天，于中国石化镇海炼化白鹭自然保护地举行了生物多样性论坛暨白鹭全球慢直播平台发布仪式，上线了我国首个全景式白鹭全球慢直播平台。全球公众可以通过直播零距离观看白鹭筑巢、下蛋、孵化、破壳、哺育、飞翔的全过程，沉浸式地体验到人与自然、能源与环境和谐共生的生态之美。直播平台上线之后粉丝还不少，成为中国石化的一张绿色名片，也是展示美丽中国的生动窗口。

此外，我对短片里面提到的中国石化研发新技术 CCUS 的深入了解，也来源于此前做节目时，与马董事长和中国石化小伙伴们的一次深入沟通。马董事长告诉我："中国石化作为能源化工传统产业的代表，在生产高质量的油品、化工品的同时，也是二氧化碳排放的大户，我们也制定了公司自己的发展路径和目标，其中一个就是 CCUS 技术。"CCUS 技术能干什么？马董事长说："四个字概括——'吞碳增油'"。

CCUS 是目前二氧化碳减碳和二氧化碳利用的一项相对前沿的技术，全球相关领域都在做这方面的探索。通过近 10 年来的探索，中国石化下属企业，位于山东淄博的齐鲁石化，把企业产生的二氧化碳捕集起来，通过管道输送到胜利油田深处，从而把原来不能流动的油驱策出来，实现二氧化碳减排的同时，提高驱油的效率。目前，齐鲁石化–胜利油田 CCUS 示范工程也是全国最大的 CCUS 全产业链示范基地、首个百万吨级 CCUS 项目，标志着我国 CCUS 产业开始进入技术示范中后段——成熟的商业化运营。中国石化的这个项目覆盖地质储量约 2500 万吨，年减排二氧化碳百万吨，相当于植树近 900 万棵的减排量。全产业链就是指形成油气开发绿色低碳融合创新的完整产业体系，把"各种能量都吃干榨净、各种元素都充分利用、各个环节都创造价值"，走出一条"高颜值"的绿色发展之路就是其目标。

正如马董事长在颁奖典礼现场回答我们"可持续发展之问"时所说，中国石化把氢能、地热、风能、太阳能等新能源作为重要的发力点，十几年来一直在地热资源的开发利用领域处于国内甚至国际前列。另外，中国石化在西部的新疆塔里木盆地把丰富的风能、光伏资源转化成绿氢，实现了与炼油、灰氢、蓝氢的替代耦合。中国石化不仅要把能源饭碗端牢端稳，还要端出高质量，在饭碗里面增加绿色的元素。

"广度""深度""高度"，这 3 个属于我眼中中国石化维度的故事到这里就告一段落了。事实上，现代石油化工产业起源于 19 世纪初，发展至今也不过 200 年的历史。新中国石化产业短短 70 多年的发展历程，和世界石化工业史相比，相差近百年，却创造了诸多令世界瞩目的奇迹。如今，雄踞世界 500 强多年的中国石化，已成为全球大公司阵营和世界石油石化产业中一支不可忽视的重要力量。从 1983 年中国石化总公司成立，到今天，中国石化集团公司已走过了 41 年的发展之路。从国之重器到民生必需，从传统行业到新兴领域，都活跃着中国石化的身影，中国石化正以更加自信的姿态为可持续发展贡献中国方案，在全球产业布局中留下自己的增长刻度。

守望文明的力量

奔跑者
中国经济脊梁

北京延庆　国家雪车雪橇中心"雪游龙"

　　2024 年 6 月 28 日 0 点，我们头顶着满天繁星从张家口市张北县塞那都跑马场出发，途经壮阔绮丽的草原天路，接力奔跑了 143.1 千米。这是我第三次参加这项赛事，当经过了近 16 小时昼夜不停的接力奔跑、越山之行后，我们抵达了终点——张家口市崇礼区国家跳台滑雪中心"雪如意"。在"雪如意"前领取奖牌并合影的那一刻，带着跨越山海的汗水、疲惫和骄傲，我想起了冬奥赛事背后的这些特殊的"运动员"，想起了像中国建科集团这样默默的建设者和守护者，想起了文兵董事长从口袋里掏出的小纸条，想起了他所说的谦卑，他的自豪与骄傲……如同我们这些热爱奔跑的马拉松跑者，他们也是一群勇敢无畏、纵情山海的跑者，带着热爱与激情，成就了我们一场场的越山向海。

提到中国建科集团股份有限公司（简称"中国建科"），可能很多人都不甚了解，仅限于知道其主业是做建筑设计、施工建设，且整体规模较小，又十分低调，不似中国建筑、中国交建等建筑类知名央企，有着打造世界级超级工程的响亮名片。实际上，中国建科自1952年成立以来，已在42个国家和地区完成设计项目61 000余项。集团先后设计完成了北京火车站、中国美术馆、故宫保护、引滦入津、雄安新区市民服务中心等国家重点工程，承担丝绸之路、良渚古城、泉州等世界文化遗产申报任务，投身京津冀、粤港澳大湾区、长江经济带等区域发展建设，参与夏奥会、冬奥会、世园会、园博会等国家重大工程。从"建筑"到"建设"、从"设计"到"科技"，持续拓展业务领域、延伸产业链条，不断实现着质的飞跃与突破。

　　我与中国建科有过两次相遇。第一次是在录制《红色财经·信物百年》系列节目期间，当时我们对于中国建科能否挖掘出代表企业精神和行业发展的信物有些担心。他们最先拿来的是参与国家重点工程的设计图纸，虽然也能体现出企业在发展历程中的重要贡献和专业能力，但还是让我们感到有些"平平无奇"，与信物精神相比似乎还略有差距。直到他们掏出了一叠厚厚的文稿，一下子让我们大为惊讶——那是一套良渚古城遗址的申遗文本！我们怎么也没有想到，如此重大的国家申遗工程居然出自一家建筑企业。

文物遗址，是我们文明的载体、文明的起源地，回答的是"我们从哪里来"的问题，而良渚古城遗址就是实证我们引以为豪的中华五千多年文明史的圣地。申遗的成功不仅使得我们的古城遗址被世界看到，更意味着我们中华五千年的文明被世界认可。如何让一处文明遗址对这段文明史起到重要的证明和支撑作用？它需要针对建筑的形态、区域发展的基础设施系统等一系列符合国际遗产价值标准的考证和严密的论证。一家建筑企业，不仅在建筑领域为人类搭建诗意的栖息地，还成了文明的守护者和创造者，甚至是文明演进的推动者。

第二次与中国建科相遇是在北京冬奥会的节目中。这一届北京冬奥会，以其绿色理念、硬核科技、设计巧思让世界为之惊艳，而这背后，离不开中国建科作为设计建设主力的贡献。它们通过应用现代科技技术，用科技创新的力量不断刷新着建筑文明的表达，也创造着新的人类文明印记。

从文明的实证者和守护者，再到文明的创造者和表达者，在中国建科这家企业身上流淌的，是守望文明的力量。我想跟你分享的，正是这样两个有关守望文明的故事：一个是为我们华夏五千年文明追本溯源，回望历史，实证文明；一个是站在新起点打造现在的文明，立足科技，展望未来。我们华夏文明的过去与未来也在此时此处，通过这个"文明守望者"交织交融。

➲ 良渚申遗文本：中华五千年文明的见证

良渚古城遗址给人一种美好的、童话般的氛围感。置身于一片广袤的稻田中，脚下是一块块石板路，抬眼便能看到几只漂亮的小鹿安静地倚在围栏后吃草休息，等待着过往游客的投喂。再走两步，远远地能看到在一片低矮的草坪上高高地伫立着唯一的一棵巨大的树，人们在它偌大的树冠下乘凉，给它取名为"孤独的树"，微风吹过，仿若笼罩了一层童年的滤镜。如今的良渚古城遗址公园，是一处集文化展览、艺术、休闲于一体的文艺场所，有手工艺市集、博物馆、书店、咖啡厅，文艺范儿十足，也是亲子打卡的首选地。在良渚，你能感受到一种碰撞，这种碰撞是当你坐在咖啡厅的木椅上，手捧一杯刚刚打好的拿铁咖啡，透过窗外的美景凝视着五千多年前从这里孕育的中华文明的起源处；在良渚，你还能感受到一种松弛，这种松弛是立于五千年文明土地上的一种深深的自豪感和强烈的文化自信。探寻良渚，就是向五千年文明的深处漫溯，感受中国古文明的智慧与魅力，在

133

碰撞与松弛中体验千年文明的进程。

"初心不变，信物百年，我是今天的信物讲述人。今天，我代表我国全面覆盖城乡建设领域各专业门类、整体实力领先的科技型中央企业——中国建科集团（股份有限公司），带来这件信物，请看！"

这是时任中国建科董事长文兵的开场白。他带来的信物非常特别，是一套良渚古城遗址申报世界文化遗产的文本，它助力中国良渚古城遗址成功获准列入《世界文化遗产名录》，向全世界实证了中华五千多年的文明史。全套良渚古城申遗文本共包含 20 件资料、200 余万字，厚达 5330 页，由中国建科的建筑历史研究所花费 8 年时间编制而成。

良渚古城遗址，位于浙江省杭州市余杭区瓶窑镇，迄今已超过 5000 年历史。1936 年，考古工作者在杭州市余杭区良渚街道，挖掘出了大量的陶器、石器等历史文物，因考古遗址位于良渚街道，于是，这里被命名为良渚遗址。这是我国新石器时代晚期长江下游地区重大考古遗址，自发现之后，就一直受到考古学界和国家文物局的高度关注。良渚古城外围水利系统，是迄今所知中国最早的大型水利工程，也是世界最早的水坝。

习近平总书记对良渚古城遗址申遗做出过专门批示："良渚古城遗址是实证中华五千多年文明史的圣地，是不可多得的宝贵财富，我们必须把它保护好！"良渚古城遗址是中国建科下属的历史研究所继高句丽王城王陵与贵族墓葬、杭州西湖文化景观、丝绸之路等遗址申报之后，第七个成功申报的世界文化遗产，而它也是其中申报准备时间最久、困难程度最高的一个申遗项目。

1994年，良渚遗址群被列入申遗预备名录，但何时能够列入国家计划，一直悬而未决。2012年，良渚申遗程序终于正式启动，按照世界遗产的申报操作流程的规则，必须组建专门的文本团队，按照世界遗产申报文件的体例要求编制遗产的《提名文件》。这是一种具有特殊要求的、集学术型的价值研究和技术型的规划编制为一体的专业性极强的工作。为此，良渚遗址管理委员会直接将该任务委托给中国建科集团

良渚古城遗址的宫殿区"莫角山遗址"（摄影：潘劲草）

下属单位建筑历史研究所（简称"历史所"），因为该所已经在 12 年前承担了《良渚遗址保护总体规划》的编制工作，此后一直虔心服务于良渚遗址的保护与管理专业咨询。

2017 年年初，历史所项目团队已用 4 年时间，将考古学家的考古发现和成果进行归纳、提炼，同时引入城市规划技术分析遗址空间布局，从早期国家和城市文明两个角度论证了良渚古城时期已进入文明社会，作为世界文化遗产的价值供世界遗产大会评委进行评估。

申遗文本的编制，可谓分秒必争。同年 3 月底的一天，当文本编制接近成稿时，考古工作者宣布在良渚又发现了一套与古城同期的水利系统遗址遗迹，包括 11 条水坝遗址。经过研究发现，这套水利系统遗址遗迹是我国迄今发现最早的水利工程遗址，也是目前世界上已发现的最早的堤坝系统之一，从此改写了世界和中国的水利发展史。这个发现对遗产价值有特别重要的支撑作用，申报对象要将新发现的水利系统遗址纳入其中，良渚古城遗址申遗范围也会大幅度扩大，遗产区由原来的 9.1 平方千米扩展到 14.3 平方千米，文本的遗产描述、价值阐释等内容需要进行增补，遗址《保护管理规划》也要重新编制。而此时，离申遗文本预审稿的完成时限仅剩 4 个月，新扩展的申报对象和申报范围大大提升了文本的难度和工作量，尤其要把中文学术语言"翻译"成英文表述，让国际认可也不是一件易事。

历史所的文本团队经过日日夜夜的严谨辨析，同时在地形图上反复分析与推敲，终于在最后的期限里梳理出考古材料的整体头绪，提炼出清晰准确的遗产价值标准，如期提交了申遗预审文本，并于 2018 年 1 月 29 日，将"良渚古城遗址"全套申报材料正式提交世界遗产中心，可以说浓缩了良渚古城遗址的文明精华，代表中国于 2019 年走进联合国教科文组织第 43 届世界遗产大会。

申遗文本提交后，申遗工作进入第二个环节——国际遗产专家的现场考察。为了回答国际专家可能提出的各种问题，历史所项目团队和遗产地管理机构开展了近 3 个月的模拟演练，不仅白天要顶着三伏天的酷暑巡回于近百平方千米内的各个遗址点，晚上还要为汇报材料绘制各种图纸、统计详尽的数据，汗水和熬夜可以说成为文本组的工作常态。

阿塞拜疆当地时间 2019 年 7 月 6 日上午 10 时 29 分，第 43 届世界遗产大会正式审议"良渚古城遗址"项目。坐在申遗代表团位置上的中国建科项目团队期待而煎熬，会场的遗产专家和各国代表逐一发言讨论，各国代表给予了高度的评价，直接"祝贺中国"的肯定发言连连出现。10 时 42 分，随着一声清脆的落锤声，大会现场顿时沸腾了起来！意义非凡的"良渚古城遗址"仅用 13 分钟，就被正式列入世界遗产名录！这让在场的其他国家代表团感到吃惊，而对于中国建科历史所参与申遗项目的人来说，这是最漫长、最忐忑的 13 分钟。据当时在现场的中国建科代表回忆，就在这一刻，会场高高升起了鲜红的五星红旗，大家相视而笑，又不由得泪湿眼眶。

2019年9月20日，国务院国资委党委举办2019年第一批"央企楷模"发布仪式。中国建筑设计研究院总规划师、余杭区政府特聘历史所名誉所长、良渚古城遗址项目总负责人陈同滨获此殊荣。在颁奖仪式上，主持人问起陈同滨，良渚古城申遗成功时心情如何，她这样回答："良渚古城遗址对于我们国家的文明史具有非常重要的意义，申报成功时，我心里的感动，不是个人的感情，应该说是为国家感到荣耀，为民族感到自豪。"良渚古城遗址这样重大的世界遗产申报工程，从最初接触遗址情况，到最终完成申遗工作，整个历程前后跨度近20年。陈同滨坦承，在遗产保护这条路上，他们遇到的困难很多，但多年来始终有3点不变："第一是坚持，没有这么多年的坚持，这条路肯定走不下来；第二是创新，没有创新，我们也做不出这样的成绩；第三是团队，在当今社会、当今时代，没有团队，一个人是做不了大事的。"

在这次申遗项目中，中国建科团队功不可没，他们不仅传承中华文化、提升文化自信，也守护了中华文明的文化家底，意义重大。作为世界四大文明之一的中华文明，也被学者们普遍认为是唯一延绵至今、未曾中断的文明，在人类文明史上占有独特而重要的地位。国家的出现也是进入文明社会主要的标志之一，而在没有文字记载的情况下，如何判定

良渚古城遗址申遗材料

国家的产生？这就需要考察其遗存的痕迹。在文本编制和申
遗工作进行过程中，项目组进行了一系列的学术研究与技术
创新，包括首次提出良渚古城遗址遗产构成四要素；系统
梳理并论证良渚古城遗址所见证的区域性的早期国家形态；
提出中国早期城市规划理念"藏礼于城"特征研究、中国
早期城市规划技术"湿地营城"特征研究等六项城市文明
特征；探索出古城遗址及其历史环境的分析的 GIS（地理
信息系统）技术应用等，这些成果有效支撑了良渚古城遗
址的价值认定。

例如，在良渚古城发现了合围面积达 630 万平方米的外郭城形态，以及长达数千米的大型水利工程，这在世界范围内，无论是城市面积还是水利工程的规模都是首屈一指的。能够组织如此大规模人力来做公共工程，没有国家的组织是不可能完成的。这也是中国建科团队在申遗过程中，不遗余力要去进行佐证的内容。而世界遗产理事关于良渚古城遗址进入世界遗产名录的理由就是：良渚古城遗址展现了一个存在于中国新石器时代晚期、以稻作农业为经济支撑，并存在社会分化和统一信仰体系的早期区域性国家形态，印证了长江流域对中国文明起源的杰出贡献。

我们常说中华文明"上下五千年"，但在"良渚"文明在被实证之前，国际上的通识是中华文明始于殷商阶段，只有约 3500 年。因为商朝之前，华夏文明还未曾发现出土文物记载的社会情况。然而，在北纬 30° 这条诞生了古埃及文明、苏美尔文明和哈拉帕文明的神奇纬线上，在中国杭州一带，我们寻回了沉寂 5300 余年的良渚。最终良渚古城遗址的申遗成功填补了长江流域的大河文明空白，实证了中华五千多年文明史，将中国乃至东亚文明的进程提早了一千多年。可以说，中国建科集团为国家软实力建设又增添了浓墨重彩的一笔。

2024 年 5 月 8 日，我去杭州出差，正值我在撰写本书的书稿。导航定位显示良渚遗址公园距离酒店大约 30 分钟车程，因抵达杭州已是夜晚，第二天开会之后还要赶回北京，于是当即决定打车去良渚古城遗址公园周边转了一圈儿。回到位于西溪湿地附近的酒店后，心情难以平复，于是沿着西溪湿地跑了 10.23 千米。跑步时，脑海中浮现出这句话："煌煌古城古路已成历史，泱泱中华文明必将不朽！"这一句是良渚古城申遗项目负责人陈同滨的颁奖词，谱写了良渚文化对于中华五千年文明的实证终于被全世界见证与认可。回望历史，见证文明，中国建科守望的良渚文化，是中华民族壮阔文明长河的源头，是我们中华文明的根与魂，更展现出中国文明史对世界历史的独有贡献与补白。

⊃ 科技冬奥：续写文明发展的脉络

时间回到 2022 年年初，我们即将迎来北京冬奥会，在全世界的期待下，中国做好了准备。现在的我们都已经知道了，中国为世界献上了一场精彩绝伦的运动盛典，全面展示了中国发展和中国形象。科技冬奥、绿色冬奥，也成为这届冬奥会的关键词。但很多人并不知道的是，在距离北京冬奥和冬残奥会开幕不到一个月的时间，在来自世界各地的运动员们都已经厉兵秣马、准备出征的时刻，在另外一个看不见的赛场上，也有一群人在为冬奥做着最后的冲刺，那就是以科技助力冬奥的央企"国家队"。

从北京冬奥倒计时 30 天开始，我们专门策划了一期节目，讲述国资央企用科技硬核助力冬奥的故事。正式录制之前，我来到了位于北京西城区的中国建科集团，与文兵董事长畅聊节目的设想和内容。文兵董事长介绍到他们集团的核心业务之一，就是为各种类型的建设项目提供设计服务。此次冬奥会，延庆赛区的"雪游龙"国家雪车雪橇中心、开闭幕式的鸟巢，包括冬季运动的综合训练馆"冰坛"，残奥会的冰上运动比赛训练馆，都是由他们来设计的。

我问道："在这期节目里，我们把中国建科的角色定位为冬奥赛场上的'特殊运动员'，为绿色奥运、科技奥运承担工程项目、保驾护航。这是主赛场之外的另一个重要的赛场。你们是抱着怎样的心情参加这样一场'赛事'的？"他很诚恳地回答："我非常自豪，而且这个自豪有几个层次，一个是为国家感到自豪，只有在一个国家的经济科技发展水平达到一定层次才能承接冬奥会这样的项目，因为和夏奥会相比，冬奥会对科技的要求更高。另一个也是为团队感到自豪，为能够在众多的竞争对手中脱颖而出，来参加这样的设计工作，很自豪。因为设计是建设的'龙头'，如果没有精彩的设计，就不可能有精彩的场馆。没有精彩的场馆，就没有精彩的比赛。"他补充介绍说："其实中国建科是与奥运有着深度关联的中央企业。在 2008 年夏季奥运会，中国建科就参与承担了国家体育场'鸟巢'的设计任务；这次在 2022 年冬季奥运会，中国建科及所属 4 个企业承担了北京、延庆及张家口

3 个地区的场馆设计、规划、课题研究等各种类型任务 60 余项，其中包括耳熟能详的国家高山滑雪中心、雪车雪橇中心、冬奥村、国家残疾人冰上运动比赛训练馆、短道速滑训练馆等场馆的设计任务。"

在"自豪"这个词之外，他又给出了两个参加这场特殊赛事的关键词——"尊重"和"谦卑"。他说，"奥运能让中国与世界更好地融合，也能让中国的文化更好地被世界理解和尊重。如果说之前中国建科参与的，以'鸟巢'为代表的北京 2008 年夏奥会场馆是'宏大'的，向世界展示国家实力、民族自信和国际视野；那么北京 2022 年冬奥会就是'低调'

国家雪车雪橇中心鸟瞰（摄影：孙海霆）

的，强调可持续性、惠及大众以及突显与自然和谐共生的中国文化。这就需要我们对自然，对我们生存的环境，对人类共同的家园抱有一份'谦卑'之心。科技是手段，文化是依托，有文化的科技才有发展方向。可以说，我们一直用中国设计和中国科技，以建筑之美、生态之美、人文之美，向世界讲好中国故事。"

为了更好地说明他心目中"谦卑"这个词的含义，他列举了设计延庆赛区场馆的例子："在延庆赛区，我觉得除了低碳绿色以外，对我们最大的挑战就是你要理解人和自然的关系究竟是什么。这也是我们对这个场地本身设计中需要回答的问题。这次冬奥会是我们向世界展示中国的一个窗口，那么中国对环境的态度是什么？其实通过这 16 平方千米是能够彰显出来的。"

中国建科的设计团队向世界各地的冬奥场馆进行反复多次的考察、学习，最终，整个设计团队在 10 个月内突破"零起点"，完成了场馆规划设计方案，并结合延庆赛区的特殊情况，形成了一套中国式"山林场馆""生态冬奥"的特色设计。文兵董事长清楚地记得一个细节：2021 年 12 月 30 日，他又一次到了延庆赛区的现场，回来后对总设计师、中国建科集团下属的中国建筑设计研究院李兴钢说："我能够特别感受到你对这块场地的尊重。"没想到总设计师不仅没有"领情"，反而否认了文兵董事长的这个说法，文兵董事长当时也有些意外，在追问原因后，李兴钢说："因为尊重还不能完全表达我们对这块场地的情感，应该是另外一个词——谦卑。"

文兵董事长说，当时听了之后非常感动，也十分认同："谦卑要比尊重更高一级，是以一种谦卑的心态去面对。因为这里的一草一木、一块石头，原本就在这里，已经形成一个生命共同体，我们所要保护的是这个生命共同体，不能因为我们的进入就把它给破坏了。"他担心我没有身临其境，不能感同身受，继续举例子："比如说在场地里有很多树，它的树坛有的很高，有的是凹下去的，我们后建的花台现在的标高就是依于它原本的标高。我们要把一切细节原本地保留下来，这就是'谦卑'的含义。此外还有在延庆赛区里用电非常之少，其实这个场地非常大，有很高的照明需求，但是如果要把电缆铺设过去的话，电线一旦埋入地下会破坏原本自然生态表层的土壤。所以总设计师最后选择了太阳能照明灯具，白天储能，晚上照明。不仅如此，这里还栖居着很多动物，有狍子、刺猬，甚至有野猪，这些动物在夜间活动很怕光照。如果我们使用亮度很高的照明设备，动物们就会搬离居所，甚至因此消失。所以我们在照明的设计方面是非常严谨的。"说到这里，文兵董事长很高兴地分享道："好消息是，在我们建成场馆之后，这些动物我们依然能够时时观察到，说明我们的用心是发挥作用的，我们的这份谦卑是有回应的。"

说实话，在交流过程中我经常被文兵董事长的坦诚打动，甚至会很感动。在他身上，既能感受到央企董事长的战略高度和作为建筑师、"理工男"的工程师思维，也能让人看到非常感性、细腻的一面。而且我特别能够感觉到他对自己的企业、自己所从事的行业，有着一份深情。

在交谈过程中，文兵董事长身上"理工男"那份特有的认真会不时"暴露"出来，甚至还有点"可爱"。国家雪车雪橇中心位于北京 2022 年冬奥会延庆赛区西南侧，是冬奥会中设计难度最大、施工难度最大、施工工艺最为复杂的新建比赛场馆之一，赛道分为 54 个制冷单元，全长 1975 米，垂直落差超过 121 米，由 16 个角度、倾斜度都不同的弯道组成，成为世界第 17 条、亚洲第 3 条、国内首条雪车雪橇赛道。在谈到中国建科设计的国家滑雪中心项目时，他介绍说："高山滑雪比赛被誉为冬奥会皇冠上的明珠。因为高山滑雪运动的时速可超过 150 千米每小时；雪车雪橇运动比赛被誉为冰雪运动上的世界一级方程式锦标赛，时速也可超过 130 千米每小时，整个沿线赛区在 3 千米范围内有 1300 米的高差，场地设计非常复杂，任何闪失都是不可想象的。这次的高山滑雪赛道，是中国第一条达到冬奥会比赛水准的高山滑雪赛道，也是中国第一条雪橇雪车赛道。"

文兵董事长此时顿了一下，从口袋里掏出一张纸片，一字一句地念着上面的文字："国际雪车雪橇联合会对我们这个赛场的评价是'这是世界上目前最好的场馆与赛道，在参加过的所有认证工作中，这次是最完美的，无可挑剔'。我们的设计工作，最终是为运动员服务的，是为他们提供最好的赛道，让他们赛出最好的成绩，所以只有他们的评价才是最诚恳、最真实的评价。"

其实，我非常理解文兵董事长为什么会如此珍视这份评价和肯定，因为他们团队面对的这些难题实在太大了，这是一次突破"零起点"的挑战。冬季运动特别是雪上运动中的高山滑雪、雪车雪橇是我们国家运动项目的短板，甚至是空白项目，规划、设计、建设、运行都是"零起点"。尤其是延庆赛区两个顶级雪上竞赛场馆的设计、建设、运行更是零经验和高复杂度。同时延庆赛区的生态敏感、地形复杂、气候严苛等问题还带来了很多规划、设计、建设、运行方面的环境挑战。

他继续说道："高山滑雪和雪车雪橇赛道的最大设计难点，在于它背后有很多技术性的要求，这些技术性的要求和我们现场的场地之间也存在一定的冲突。对高山滑雪赛道来讲，赛道本身有很多特殊的要求，比如，坡度要达到多少，在哪几个点上运动员是要飞起来的，下去以后赛道又要达到多少坡度，要承接得起来，这些参数的要求是没有办法变的，但是场地的情况又是千变万化的。我们要保障比赛需要的参数在这个场地上能够被匹配好。为此，我们进行了技术的创新——赛道场地高拟合度技术，让赛道和场地尽可能地匹配。再比如，对雪车雪橇中心来讲，1950 米的一个薄壳，而且还是制冷的一个薄壳，要做到完全连续，它的精度要达到 0.1 毫米以上，如果达不到的话，运动员的运动感受就会有问题。设计最大的难题就在于如何把这个蓝图呈现出来，那么必须要运用三维生成技术，把完全异形的建筑物设计出来、表现出来。通过这样的技术，不仅让雪车雪橇赛道跟场地山坡高度拟合，同时还能够非常精确地实现空间的定位，这就给后面高精度的施工打下了良好的基础。"

他还透露了一个细节，其实按照国际惯例，滑雪赛道一般都是在北坡建的，但他们建在了南坡。我们看冬奥转播的时候，能够看到延庆国家雪车雪橇中心的场馆，被称为"雪

从出发区俯瞰国家雪车雪橇中心（摄影：张玉婷）

游龙"的滑雪赛道，像一条游龙一样，飞腾在朝南的山脊。为什么选在山体南坡？因为在延庆赛区的环境里实在找不到合适坡度的北坡，基本都是高于 30° 以上的陡坡，或者是缓坡。雪车雪橇赛道需要一个合理的坡度，它需要满足竞技性，要让运动员有挑战性，但同时要保证安全。所以它的坡度需要保持在 15° 到 18° 之间，最多不超过 20° 的坡度范围内。当时团队在选址过程中踏遍了整个延庆寻不到合适的北坡，最后不得已只好选在山体的南坡。

文兵董事长回忆起当时的情况，依然能够回想起当时紧张的心情，他说："当时其实最担心的是选址，如果得不到国际雪车雪橇联合会的认可，将严重影响我们冬奥会的申办。此后经历了半年的时间，团队多次请奥组委的专家和国际体育单项组织的专家到北京延庆的现场踏勘研究，最终研发出了一个气候地形的保护系统，把雪道整个防护起来，从外面看起来好像有一个棚一样。这套系统一是解决了南坡雪道和北坡雪道相比漫射光的问题；二是这套系统形成了一个微气候，使整个 1900 多米长的赛道里的微气候发生了变化，还极大地降低了能耗，节约了 8.7% 的能源。"他回忆说："当时在认证赛道的时候，雪车雪橇联合会的负责人对这个防护系统十分认可，认为雪车雪橇赛道从此可以应用于任何方向的坡道上，也就是说，我们的工作改变了他们通常对雪车雪橇赛道的认识。"

最后，文兵董事长谦虚地说："冬奥会的承建对我们团队的激励是无穷的。通过这个项目，我们对于人与生态融合发展有了更深刻的理解。所有这些经验和技术都可以在未来其他的项目建设中加以利用，引领行业的发展，推动行业的进步。"

通过冬奥的盛会，中国建科向全世界阐释了我们国家对人与自然关系的理解：对生态、环境抱之以谦卑的态度。向全世界宣告了我们的心愿：我们将继续守护好人类的文明，守护好人类和自然和谐共生的文明！

2024年6月底，我参加了2024越山向海人车接力马拉松中国赛，这是全球最具规模和影响力的长距离、全地形、全体验的团队跑步接力赛事。这项赛事中的每个小组由5人1车构成，最终接力完成全程。6月28日零点，我们头顶着满天繁星从张家口市张北县塞那都跑马场出发，途经壮阔绮丽的草原天路，接力奔跑了143.1千米。这是我第三次参加这项赛事，当经过了近16小时昼夜不停的接力奔跑、越山之行后，我们抵达了终点——张家口市崇礼区国家跳台滑雪中心"雪如意"。在"雪如意"前领取奖牌并合影的那一刻，带着跨越山海的汗水、疲惫和骄傲，我想起了冬奥赛事背后的这些特殊的"运动员"，想起了像中国建科集团这样默默的建设者和守护者，想起了文兵董事长从口袋里掏出的小纸条，想起了他所说的谦卑，他的自豪与骄傲……如同我们这些热爱奔跑的马拉松跑者，他们也是一群勇敢无畏、纵情山海的跑者，带着热爱与激情，成就了我们一场场的越山向海。

材料创造美好
世界

奔跑者
中国经济脊梁

江苏连云港
中复神鹰公司

　　我们一行几人抵达连云港，驱车来到位于郊区的企业工厂，实地考察了碳纤维生产流程。整个生产线有 1000 多米长，白色的纤维原丝经过长途跋涉和千锤百炼，最终变成了具有金属光泽的黑色碳纤维。我们还给碳纤维来了个极限挑战，工作人员拿上一束刚刚生产出来的碳纤维，先是找了一辆小三轮车，又找来了一辆载客人数为 60 人的大巴车，这也是他们接送员工上下班的班车，为了增加重量，还特意邀请员工上车坐满。而这一束还没有手指头粗的碳纤维拉动一辆坐满人的大巴车，不能说毫无压力，基本也算是分外轻松。这次"眼见为实"确实让我们印象深刻。

过去一段时间，提起中国建材集团有限公司（简称"中国建材"），我就会不自觉地在脑海中浮现出水泥厂中高耸入云的烟囱，马路上快速奔驰的商砼车，建筑工地上浇灌而下的混凝土。随着对中国建材了解的逐步深入，我对中国建材的印象也逐步改观：颠覆传统认知的柔性超薄玻璃；彰显中国强度的"黑色黄金"碳纤维；集齐山水林湖鱼鸟花的生态水泥工厂……这些兼具科技与创新的材料产品以及可喜变化，无不说明我国的建材行业取得了巨大的进步和长足的发展。而中国建材作为我国建材行业的领军企业，更是其中的佼佼者。它以建材起家，并且在相当长的一段时间里也以此为主业，却把建材的"材"字发挥得淋漓尽致，赋予了材料新的含义和使命，也为集团乃至整个行业蹚出了一条新路。而这些新材料中，既有基础材料的迭变，也有改变了世界材料格局的新产品。也许一组数据更能说明中国建材的领先地位：水泥、商混、石膏板、玻璃纤维、风电叶片、水泥玻璃工程技术服务等 7 项业务规模居世界第一；13 家上市公司；13 年稳居世界 500 强；截至 2023 年年底，资产总额 7100 多亿元，年营业收入 3500 多亿元，员工总数 20 万人。

从经过艰苦的技术攻关，突破性产出材料中的"软黄金"碳纤维，再到为最传统的水泥行业注入新的基因，开创新的场景，中国建材不仅逐步掌握了多项核心技术和关键材料，还拿到了国际上的话语权、定价权，一举助力实现了诸多事关国民经济重大行业的跃升发展。在我接触中国建材的这些年里，他们材料技术的迭变不仅给我带来了一次又一次的惊叹，还让我为"表达"了他们通过新材料为这个世界带来更美好的体验而感到骄傲和自豪。

"材"这个字，大家都不陌生，从小到大，我们的父母长辈都希望我们能成"材"，对我们寄予厚望。而中国建材，从事着众多行业中最基础、起支撑作用的行业，被上上下下寄托了"成材"的期望。它们的故事，我想从3种材料——玻璃、碳纤维和水泥说起，故事的起点始于《红色财经·信物百年》节目。

玻璃：实业初心的百年马拉松

"在一个寂静的早晨，中南海警卫连的一个小型车队鱼贯开进了北京西山，没过多久传来了3声清脆的枪声，他们执行的是一次秘密任务。这3声枪响的背后有着怎样的故事呢？"

这段看似来自电影谍战片的描述，其实是《红色财经·信物百年》中国建材这一集的先导片旁白。说实话，这也是百集纪录片里最富有戏剧性的开头。有的同事戏称，这堪比曾经风靡一时的影视作品《保密局的枪声》，充满了戏剧感的表达张力。作为一个严肃的财经纪录片，为什么会选择这样一个戏剧化的表达方式？其实完全是基于对中国建材的了解，对他们带来的信物精神的了解。

"初心不变，信物百年。大家好，我是今天的信物讲述人。今天我代表 20 万中国建材人来到这里，给大家带来的信物是：一块特殊的玻璃。请看！

"这是新中国自主研发生产的第一块汽车防弹玻璃。它是 1968 年生产的。它的重量超过 169 千克，厚度达到了 7.5 厘米，相当于现在普通汽车玻璃的 10 倍！它由我身边这块玻璃叠加 4 层黏合而成。如此厚重的防弹玻璃用在什么汽车上呢？它的背后究竟隐藏着怎样的传奇故事呢？"

防弹玻璃信物照片

这是中国建材党委书记、董事长周育先在这场关于红色信物时空对话中的开场白。他带来的信物体积大、造型特别，细看之下就能辨认出，这是一块汽车前挡风玻璃。为什么中国建材执意要选择一块普通的"玻璃"作为自己集团的信物代表和精神注解？这还得从企业的历史说起。

中国建材的企业发展史最早可以追溯到1922年成立的耀华玻璃厂，该厂被誉为中国玻璃工业的摇篮。在新中国成立后，伴随着企业不断壮大，中国建材集团旗下的企业也都取得了长足的发展，并在新中国的产业发展史上留下了浓墨重彩的一笔。例如，作为"一五"计划"156项重点工程"之一的永登水泥厂、洛阳玻璃厂，以及研制出中国第一块玻璃钢的建筑材料工业研究院，这些都是中国建材集团旗下的企业。

1955年10月，时任重工业部副部长的赖际发同志在赴苏联考察时了解到，用钢铁作外壳的坦克承受不住原子弹的冲击，而国外新研制的用玻璃纤维增强塑料（即玻璃钢）制造的坦克在试验中毫发无损。面对美国的核讹诈，军工出身的赖际发深感应该挖掘研制玻璃钢等非金属新材料。因此，在回国时，他特意从苏联带回来一小块轻质高强度耐高温的"增强塑料"样品。从苏联归来的赖际发向中央报告，建议开始玻璃钢等非金属新材料的研究。玻璃钢的研制和开发工作，首先要在玻璃纤维方面取得突破，当时我们的科技人员利用简陋的仪器设备，经过反复探索，于1957年秋研制成功无碱玻璃纤维。同年11月12日，朱德委员长亲临该院视察，高兴地指出，玻璃纤维很有用，要继续搞下去，争取能成批生产。

玻璃纤维的成功研制和投产，为玻璃钢的发展创造了条件。1958年1月，建材部玻璃陶瓷研究院从屋面材料室抽调7名同志组成了我国第一个玻璃钢研究小组，同年3月扩大为30多人的玻璃钢研究室。当时工作条件十分艰苦，在无设备、无技术、无资料的情况下，工作不知道从何下手，仅凭一块从苏联带回的样品摸索着。经过日夜奋战，在小组成立4个月后，终于压制成功了规格为1200毫米×500毫米×5毫米的我国第一块玻璃钢板，实现了中国玻璃钢板复合材料"零"的突破，填补了无机非金属国防尖端材料的空白。

见到研制成功的第一块玻璃钢时，赖际发部长兴奋地说："国外把这种产品叫'增强塑料'，我看它强度相当于钢材，又含有玻璃组分，也具有玻璃那样的色泽，就叫'玻璃钢'吧。"从此，"玻璃钢"一词沿用至今。

回到我们的信物故事。新中国成立后，外交活动逐渐增多，在外事活动中保证外宾的人身安全，是国际交往的基本规则和礼仪要求。但那个时候中国的基础工业薄弱到连保护自己国家领导人的装备材料都无法自主可控，这对当时的新中国是一个挑战，实现研发突破也成为共和国建设者们责无旁贷的使命。

当时公安部和北京市立即会同有关方面成立了专案组研制防弹汽车，其中防弹玻璃技术能否实现突破是项目成败的关键。中国建材院航空玻璃试制车间位于北京东郊，远离城市中心，这次需要烧制的玻璃明显比以往任何时候都要更大更厚，炼制玻璃的坩埚每天要持续不断地加热以保证玻璃液的质量，经过烧制、磨平抛光、玻璃热弯、酸处理，最后一道工序是 4 片夹层，经过加温加压十几小时后，从高温釜里慢慢吐出来一块坚硬透明的防弹玻璃。

在一份历史文件的记载中，我们看到了当时检测防弹玻璃性能的场景：夹层室主任徐增祚、军代表朱士良、夹层组组长宋武山、组员郭英仕带着 4 号车窗样品，跟随中南海警卫连战士们一起来到西山靶场。在 100 米外，警卫连战士用当年常规枪械中威力最大的 7.62 毫米的穿甲弹，对着防弹玻璃的同一个点连开 3 枪。这就是我们纪录片开头所提到的 "3声枪响"。

这块注定名留史册的玻璃来到我们录影棚还颇费了一番波折。我们的百集纪录片秉承的原则是：带到影棚的信物要是实物、原物。当年的这块挡风玻璃已经镶嵌在了毛主席的红旗轿车上，演播室空间有限，不可能将整辆车开进来陈列。这个时候，我们也建议是否可以放弃这个信物，另寻其他。中国建材的同志表示再等等，他们正在努力寻找替代方案。眼看着拍摄日期临近，正当大家一筹莫展的时候，他们带来一个好消息：当年为了测试玻璃的性能，还有一块样品被完好无缺地封存在集团研究院的库房里，正好可以拿来作为信物。于是，我们就看到了开头的那个场景。

正如中国建材党委书记、董事长周育先所说，西山的 3 声枪响，标志着国产汽车防弹玻璃的试制成功！接下来，不懈奋斗的中国建材人，又瞄准了一个新的目标——浮法玻璃技术，这是 20 世纪 60 年代全世界最先进的玻璃生产技术。

为了加快民族玻璃工业的发展，国家"一五"计划于 1956 年在洛阳建设洛阳玻璃厂（简称"洛玻"）。1959 年，英国皮尔金顿玻璃公司向世界宣告平板玻璃的浮法成型工艺研制成功，这是对原来的流槽引上挤压成型工艺的一次革命。一时间，股股浮法热流汇成"浮法狂飙"席卷世界。有的国家不惜斥巨资争购皮尔金顿专利，有的国家集中人力、物力探索"浮法奥秘"。可以说，家家在做"浮法梦"，都在盼着好梦成真。我国也派专家组赴英国考察，商谈引进浮法技术的事宜。对方尽管接待还算热情，但根本不让我们接触浮法玻璃的技术，就是想花钱购买，他们也婉言拒绝。甚至有英国人傲慢地说："现在与红色中国谈浮法技术为时尚早。"西方的技术封锁对我们的刺激非常大，大家逐渐意识到中国浮法玻璃的研制、生产必须走自力更生、自主创新之路，不能把希望寄托在别人身上。一团"火"在大家心中燃烧：外国有的技术，我们也要有！

一回国，专家组一头扎进试验室。整整 6 年的埋头苦干，换来中国浮法玻璃的第一次工业试验。1971 年 5 月，原建材部决定浮法工业试验在洛玻进行，发挥社会主义制度集中力量办大事的优势，全国各地的玻璃专家云集洛玻，千余名职工积极参战，共同攻关。在 1971 年 9 月 23 日这一天，洛阳玻璃厂成功生产出了我国第一块优质浮法玻璃。直到今天，遍布全国的 289 条浮法玻璃生产线，绝大多数采用的还是这个工艺。

"洛阳浮法玻璃工艺"的诞生，迎来了中国玻璃工业发展的新曙光，开辟了中国玻璃工业变革、创新和发展的新时代，为我国民族玻璃工业的发展竖起了一座雄伟的丰碑，成为世界玻璃工业中与英国皮尔金顿浮法、美国匹兹堡浮法并驾齐驱的世界三大浮法工艺之一，圆了中国人的"浮法梦"，打破了西方的技术封锁。如今，洛阳浮法玻璃技术已成为中国民族玻璃工业自主创新的一面旗帜。进入 21 世纪后，中国洛阳浮法玻璃工艺通过中国建材凯盛科技等科技人员的不断攻关，实现了新突破、新发展。2007 年 2 月，中国洛玻的"超薄浮法玻璃技术"荣获国家科技进步一等奖，开启了中国新玻璃工艺的航程。

说来有趣，当时我们的《红色财经·信物百年》纪录片希望打造一个纪念品，记录百年红色基因、财经印记，最终方案选定用印章这个形式。印章选用什么材质？当时周育先董事长听说了我们的想法之后，建议我不要采取传统材料，并推荐了他们的材料——玻璃微珠。玻璃能做印章？当时我心里直嘀咕。毕竟，对于印章这样一个有着承载符号意义的载体，以及建党百年这样一个厚重的题材，用玻璃作为印章，无论从手感还是材料的分量，我们都担心会略显轻飘。最终，周董事长用理念和成品打消了我的疑虑。什么是玻璃微珠？我先卖个关子，来看一下效果——印章做出来之后，我们赠送给各位董事长，对方的第一反应都是犹豫和拒绝："这个印章太贵重了吧！看着像和田玉，要不然也是玛瑙，这可不能收！"每当这个时候，我都在心里说，"来了来了，周董事长，又到了给我们大国之材做广告的时间了"。

《红色财经·信物百年》纪念品玻璃微珠印章

事实上，这个印章就是中国建材凯盛科技研发的可以染色"拟态"成各种玉石材质的玻璃微珠，虽然成本远低于天价玉石，但科技含量"拉满"。玻璃微珠具备质量轻、强度高、流动性好、隔热保温、耐腐蚀等特性，是制备航天烧蚀材料、深海探测固体浮力材料、电子通信，尤其是 5G 低介电材料的关键基础填充材料，解决了国家多项"卡脖子"难题，突破技术壁垒，实现了产品的产业化，打破了依靠进口的发展瓶颈，为中国玻璃新材料战略安全保驾护航，为科技强国、材料强国战略贡献了建材力量。每一位了解之后的董事长一方面会欣然接受这份特殊的印章，一方面也为中国的科技崛起之路感同身受，深感自豪。

进入 21 世纪后，中国洛阳浮法玻璃工艺通过凯盛科技等科技人员的不断攻关，实现了新突破、新发展，开启了中国新玻璃工艺的航程。0.03 毫米柔性可折叠玻璃改变了人们对传统玻璃的认知，0.12 毫米超薄电子玻璃使得智能手机、智能电视越来越薄，用于疫苗瓶的 5.0 中性硼硅药用玻璃、8.5 代 TFT–LCD（薄膜晶体管液晶显示器）玻璃基板、高铝盖板玻璃等一大批玻璃新材料突破"卡脖子"封锁，实现工业化量产，标志着我国民族玻璃工业完成了从跟跑到并跑、领跑的跨越，玻璃和玻璃工程技术均跃升至全球领先位置。

说起来，周董事长之所以有这个印章的灵感，也与我们谈到的马拉松话题有关。那一年，为庆祝建党 100 周年，中国建材党委决定开展"健跑百年路　奋斗新征程"活动。活动持续 100 天，选择 100 个红色教育基地，每天由所在地的集团企业组织开展一次健跑活动。活动第一站选在上海，一共设计了全程 7.1 千米折返跑和 2.1 千米折返迷你跑两条路线。

"7.1"寓意党的生日，"2.1"寓意 1921 年建党和 2021 年建党100 周年，折返至起点寓意"慎终如始再出发"。其中，中国建材专门向中共一大会址纪念馆设计赠送的材料印章，就是用凯盛科技应用材料的玻璃微珠制成的，这也给周董事长为我们信物印章的设计带来了灵感。同时，周董事长也邀请我去参加他们的健跑百年路活动，奈何那一年工作实在太过繁忙，只能默默关注，以 100 个印章镌刻 100 家国之重器的方式默默助力，见证这场不忘初心的马拉松。

从玻璃钢到浮法玻璃技术，再到玻璃微珠工艺，玻璃这一材料见证了中国建材在材料技术攻关突破中永不认输、积极进取的奔跑之姿，也见证了整个中国在与世界的材料科研竞争中永不言弃、坚持不懈的精神。如今，中国的玻璃材料已实现了在全世界领跑的态势，中国建材，也将续写自己的百年马拉松传奇。

➲ 碳纤维：中国强度的"极限挑战"

其实，在做《红色财经·信物百年》节目的过程中，周育先董事长一再给我"普及"，表示中国建材的"宝贝"材料还有很多，有的材料会彻底颠覆大家对建材这个传统行业的认知。2022 年，我们策划了特别系列节目《中国产业坐标》，这个节目我们也邀请了中国建材，在与周董事长沟通之前，我一直在猜想他会选中哪件"宝贝"来节目中呈现，又会选择哪个维度、哪个坐标点来标注产业坐标。

周董事长确实是一位总能给人带来惊喜的嘉宾，这次他带来一组数字来代表他们特别的坐标点位——T1000，他带来的"宝贝"是被称为材料王国当中"皇冠上的明珠"——碳纤维。周董事长解密说："T1000实际上是一个强度指标，是中国目前碳纤维里强度最高的一种牌号。"它的强度到底有多强呢？周董事长向我们展示了实物：他手里一束碳纤维，一米长才0.5克，可以承担500千克左右的力量，如果是手指头粗的碳纤维束，可以拉动两架C919大飞机。也就是说，一根仅有头发丝十分之一细的高性能碳纤维，拉伸强度可以达到钢的7到9倍，而比重仅有钢的四分之一，在3000℃高温下，有的纤维已化为灰烬，它却毫无变化。从钓鱼竿、网球拍、跑车，到大飞机、航天器、导弹，凡是用上了碳纤维，立刻性能和身价飙升。

碳纤维还有一个别称，叫作"黑色黄金"，可想而知其价值之高、价格之高。像T1000这样的碳纤维曾经出现过每吨1000万元的高价，此前我们国家生产不出来，只能从国外购买，定价权牢牢掌握在国外生产商手中，是典型的"卡脖子"技术。伴随着中国建材研发成功，目前市场上面的售价已经是1000万元的三分之一左右——每吨两三百万元。碳纤维具有极佳的力学性能和其他综合性能，这使得碳纤维的应用前景十分广阔，比如，在航空航天领域，如果一颗卫星减重 1 千克，一架飞机减重 1 吨，就可以有更多的载荷去装载物品。正如中国航天事业的开创者钱学森先生在 1961 年所讲，航天航空装备上面的一个零件减少 1 克重量都是贡献，更何况是这样量级的减重，它带来的影响和效益可想而知。

中国建材的碳纤维发展经历了从无到有、从有到优的发展历程，从最初的 T300，到 T700、T800，再到现在的 T1000，突破了碳纤维研发的"卡脖子"技术，并实现工业化量产。2021 年 9 月，由中国建材投资建设的首个西宁万吨碳纤维生产基地正式投产，这一项目被誉为 2021 年"央企十大超级工程"之一，也标志着国产碳纤维迈入产业化新时代。

周董事长说："别看从数字上来看 T300、T700 再到 T1000 似乎差距不大，但是在真正的碳纤维生产过程当中，T300、T1000 是完全不同的技术路线，这个难度非常大。当时中国建材旗下的中复神鹰，处于碳纤维研发最高潮的时候，每天要烧掉一辆桑塔纳汽车，但就是在舍得投入的魄力与板凳坐穿的恒心下成功研制出 T700、T800，最终突破 T1000 技术，而且这个过程只用了 3 年的时间。事实上，我们国家碳纤维研发，理论上来说行动还是比较早的，1959 年日本人发明了碳纤维，1966 年我们开始研发，但速度并不快，因为当时国家还不像现在这样富裕有实力。大概到 2019 年以前，我国基本上是以引进为主，但是到 2019 年左右就开始禁运了，于是这件事情就成为我们最厉害的'卡脖子'问题之一，我们的飞机等着碳纤维，我们的卫星等着碳纤维，我们的导弹也等着碳纤维。"我问："如果当时我们不去这么努力攻克'卡脖子'的问题，能够想象今天我们会面临什么样的困境吗？"

周董事长说："材料本身是一切装备设计的基础，它不好决定了装备本身就会落后，这是涉及国家整体工业水平的决定性问题。现在我们的技术突破了，产量提高了，规模上来了，就会带动一系列能用碳纤维的产业来使用。现在碳纤维已经从国防、航空、航天延展到其他行业，比如，能源企业、现代交通企业，海洋工程和船舶结构，以及其他基础建设等，这样就可以进一步提高我国装备制造的水平。"

周董事长补充说："尽管对于有些行业，现在使用碳纤维的比重还比较小，但未来的使用场景不可估量。比如，风电行业对碳纤维的用量，在2021年只有很少的一部分叶片使用碳纤维，用量大概3万吨，基本上占了全球30%的碳纤维用量，未来的叶片应用需求量会成倍增长。"

在交谈过程中，周董事长一再跟我说，眼见为实，建议我去位于连云港的中复神鹰公司，亲眼看看碳纤维的生产过程，感受一下科研工作者们的激情，一定会给我带来不一样的体验。正好，当时我们准备策划一个新媒体节目《中国制造极限挑战》，通过设计有极限性、传播性的试验，展现中国制造的顶尖技术成果。现在伴随着碳纤维运用得越来越广，

中复神鹰碳纤维生产线

碳纤维羽毛球拍、碳纤维头盔、碳纤维自行车，包括中车集团在武汉下线的全球首列商用碳纤维地铁列车，让碳纤维从工业材料走到了前台，让很多普通人对碳纤维都有了概念。碳纤维有这么神奇的性能，我们一方面觉得它非常适合节目表达，一方面也希望让大家能够更多地了解这一神奇材料。而且我也很好奇：碳纤维真的像周董事长说的那样，小小一束，就能有那么大的拉力，那么高的强度和韧性吗？

我们一行几人抵达连云港，驱车来到位于郊区的企业工厂。中复神鹰的负责人热情地接待了我们，我们先实地考察了碳纤维生产流程。整个生产线有 1000 多米长，分为聚合、纺丝和碳化三大工序，白色的纤维是原丝，经过一系列的物理和化学变化，经过长途跋涉和千锤百炼，白色的原丝最终变成了具有金属光泽的黑色碳纤维。我们还想给碳纤维来个极限挑战，工作人员拿上一束刚刚生产出来的碳纤维，先是找来了一辆小三轮车，又找来了一辆载客人数为 60 人的大巴车，这也是他们接送员工上下班的班车，为了增加重量，还特意邀请员工上车坐满。看着这一束还没有手指头粗的碳纤维，要拉动一辆坐满人的大巴车不被拉断，还真有点担心。工作人员倒是信心满满，尽管此前还没这么实地试验过，但他们做过多次专业级的强度韧性试验，请我们放心。事实确实如此，不能说拉动起来毫无压力，基本也算是分外轻松，这次"眼见为实"确实让我们印象深刻。

事实上，除了黑色的碳纤维，还有一种白色的新材料，也是每次一提起来，就让周董事长和中国建材的朋友们一脸骄傲，那就是玻璃纤维。在中国建材新材料板块，生产规模最大的就是玻璃纤维，产能在全球有 359 万吨。中国建材已经在这个领域实现产业引领，坐稳世界第一宝座。周董事长介绍说："玻璃纤维运用范围非常广，我们的日常生活接触到的很多东西里都需要用到它。最常见的像手机外壳，就是用玻璃纤维增强复合材料做的，不会那么容易断裂。还有冰箱、洗衣机的壳板，几乎绝大部分都是用玻璃纤维增强复合材料做的。"

中国建材的玻璃纤维发展历程是一个从 1 到 100 的过程，

也是坚持产业引领、整合优化的过程。中国巨石是中国建材集团旗下最大的玻璃纤维生产企业，是一家混合所有制企业，由中国建材、振石集团以及广大 A 股投资者共同持股，是中国建材通过整合重组完善玻纤产业链的重要一步，弥补了中国建材在玻璃纤维产业的空白。中国建材的玻璃纤维还在全球做了布局，在美国、埃及也有工厂。埃及东北部的苏伊士经济特区，就是中国玻璃纤维在海外最大的生产基地，占地面积达到 36 万平方米，相当于 50 个足球场的大小，欧洲市场上 27% 的玻璃纤维产品，都是由这个基地供给生产出来的。截至当时，埃及基地累计为当地创造了超 4000 万美元的税收收入和超 10 亿美元的外汇收入，同时使埃及成为全球第四大玻璃纤维生产国。

可能很多人又会有疑问，玻璃纤维跟玻璃之间又是什么关系？是玻璃拉成了丝就叫玻璃纤维吗？周董事长耐心解答："玻璃纤维和传统玻璃相似而又有所不同。相似的是传统玻璃和玻璃纤维都需要用到矿石，然后将它进行融化，不同的是玻璃纤维的制成工艺要复杂得多。"当时周董事长向我展示了一束玻璃纤维纱，跟粉丝差不多粗细，"其实这一束玻璃纤维纱里面有 2000 多根玻璃纤维单丝，每一根玻璃纤维单丝直径只有头发丝的十分之一到二十分之一，所以也就决定了它是一种非常好的超高模量复合材料。什么是超高模量呢？就是在任何方向下面，它都可以承受很大的力，它的拉伸拉力可以超过 100GPa（吉帕斯卡），相当于针尖上放了一吨的重物所承受的压力。"

在这样的讲解当中，我们可以看到，中国已经从企业强迈进到了行业强，中国强度正在被世界认可。玻璃纤维产业对我们国家的经济发展和建设具有重要的意义。从高性能玻璃纤维的性能提升到高性能碳纤维的产业化突破，不仅打破了国外技术垄断，还实现了高性能碳纤维的规模化生产，玻璃纤维为我国航空航天、新能源汽车等高端制造业提供了强有力的材料支撑，彰显了中国工业的实力。

⟳ 水泥：双碳战略下的绿色产品

在与我分享这些材料故事的时候，周董事长跟我强调了一个词——材料之美。他说："无论是新材料，还是传统材料，可能大家平时不会注意到材料的美，这种美不仅体现在宏观上，更表现在其微观组织上，可以说是美轮美奂。"他给我看了几张照片，有的像一幅毕加索的抽象画，有的又像深邃宇宙中的绚烂星体，还有的像富有浪漫气息的艺术作品。他说："材料很美，我们这些研究材料的人，能够发现它的美，也希望通过它们来为我们创造美好世界。"如果说新材料中的碳纤维是纤细韧劲美的代言词，那么作为典型的传统材料——水泥，我很难想象，如何将这个人们印象中粗糙坚硬的材料与美联系到一起。

水泥——一个古老而现代的材料，人类历史上最富活力的胶凝材料，高楼大厦、跨海大桥、石油钻井、拦江大坝，这些都离不开水泥，自1824年水泥诞生以来，它就成为最重要的无机非金属材料。曾几何时，水泥也曾卖出远超面粉的价格，不过这一切都随着新型干法水泥生产技术的诞生、水泥生产设备的完全不依赖进口而时过境迁。中国建材作为全球最大的水泥技术装备工程系统集成服务商、国际水泥技术装备工程市场少数具有完整产业链的企业之一，在推动新型干法水泥生产技术的普及、水泥生产设备国产化的进程中发挥了重要作用，为我国基础设施建设和经济发展做出了巨大贡献。

水泥如何能够为我们创造美丽、绿色的美好世界？中国建材为此交上了一份"美好"的答卷。

在"双碳"战略的引领下，中国建材积极推动传统水泥生产线的转型升级，并在旗下企业试点建设二氧化碳全氧燃烧富集提纯示范项目（二氧化碳捕集项目）。目前，中国建材的水泥技术装备和系统集成技术在全球是领先的，无论是颗粒物排放、二氧化碳排放，还是二氧化硫、氮氧化物的排放，其治理技术都是世界顶级的。中国建材的技术不仅应用在中国，还推广应用到了全世界；不仅应用在发展中国家，还应用到了发达国家一些老旧水泥厂的升级改造中。中国建材水泥工程在全球的市场占有率达 65%，在共建"一带一路"过程中，用中国建材技术新建的水泥厂都是绿色环保、数字智能的。

周董事长解释道："第一个层面是把水泥做成更加绿色环保的产品；第二个层面是积极研发替代原料以及替代燃料，降低二氧化碳的排放。比如，减少煤炭燃料的使用，现在我们在欧洲改造的生产线已经实现了可以替代 80% 的煤炭燃料。根据每个国家的发展阶段和碳排放交易的成熟程度不同，中国建材努力在不同阶段降低水泥的碳排放，最终实现减碳降碳的目标。为了在更高一个层面落实'双碳'目标，我们在国内牵头做了一个 26 家企业参与的'双碳'公共服务平

中材安徽水泥窑协同处置城市生活垃圾项目

台，这个平台本身就是为所有的愿意参与'双碳'交易的企业，或者提供'双碳'技术的企业提供服务的，是个公共的、公开的，而且不收费的平台。基于这个理念，我们现在也在跟法国的企业一起商量，在欧洲准备再成立一个'双碳'合作中心，真正能够把我们国家的绿色'双碳'理念，碳交易、碳服务的公共平台，在欧洲发达国家落实落地。"

周董事长还与我们分享了一个细节："水泥不仅在生产环节实现了减碳减排，在项目或者产品设计开发的时候，也要去考虑它的环境承受能力、环境的配合度以及对环境的排放总量。事实上，中国建材在共建'一带一路'的场景大多是建工厂，在建工厂方面，我们从设计的时候就要考虑与环境的可持续发展理念，在 ESG 的 'E' 的理念下去做各种设计。举一个小例子，我们在匈牙利建造了一个水泥厂，整个水泥厂的外墙全部是白色的，为什么要做成白色的？主要是跟周边环境和谐一致，当地的居民说，这是在全世界见过的最美的水泥厂。"

水泥除了在"双碳"战略下实现绿色环保，还能帮助我们处理生活垃圾。据统计，国内每年的生活垃圾量达 1.65 亿吨，我国累积垃圾达到 70 多亿吨。随着未来城市人口的增加和垃圾分类的进一步完善，我国的生活垃圾预计将以每年 8% 的速度递增。在我国 668 座大中型城市中，已有 200 多座城市陷入垃圾的包围中，近 70 座重点城市的地下水受到垃圾污染。绝大部分生活垃圾未经处理，堆积在城郊，侵占土地面积达 5 亿平方米。垃圾随意弃置不仅破坏城市景观，还会滋生传播疾病的害虫、散发难闻的气味、破坏土壤的酸碱平衡、污染地下的水源，甚至还会通过食物链进入人体。那么，面对越来越多的生活垃圾，有没有一劳永逸的处置方式呢？中国建材的科技研发人员为解决这一难题提供了路径——水泥窑协同处置城市垃圾、危废。中国建材利用水泥窑协同处置生活垃圾不但解决了城市生态治理的"老大难"问题，还充分利用了生活垃圾中有机物燃烧释放的能量，减少了对燃煤的消耗，真正做到了将巨量应用场景创造新的企业价值。

疫情期间，中国建材集团旗下南京中联水泥有限公司利用水泥窑协助政府应急处置涉疫危废累计 458 吨，有效缓解了政府的防疫压力，扛起企业的社会责任。通过使用水泥窑协同处置生活垃圾，既实现了生活垃圾的无害化处置，又有效减少了燃煤消耗，实现了经济效益、环境效益的双平衡。

基于中国建材在水泥窑协同处置生活垃圾领域的卓越实践，2023 年 10 月，中国建材水泥窑协同处置生活垃圾项目入选总台"中国 ESG 卓越实践"。此外，中国建材旗下中国建材股份、北新建材两家上市公司还入选总台"中国 ESG 上市公司先锋 100（2023）"榜单。

在国家倡导的"双碳"策略下，水泥实现了一场华丽的转身，如今，水泥以环保、绿色、低碳的新形象继续奋战在我国基础建设的第一线。而中国建材作为我国建材行业的领军企业，以其卓越的战略眼光、坚定的创新决心和不懈努力，在新材料领域开辟出了一条独具特色且令人瞩目的发展之路，以两端发力积极探索发展新质生产力之道，创新为先，大材辈出，为我国从制造大国向制造强国转变贡献更大的力量，为全球材料产业的进步贡献中国智慧和中国方案！

就像建党百年的时候，中国建材集团负责人在"健跑百年路 奋斗新征程"活动启动仪式上所讲的，建材人要始终不忘初心，接过历史使命的接力棒，发挥材料企业优势，以材料创造美好世界，更加坚定地迈开步伐，跑出精彩，跑出活力，跑向未来！

一张奔跑的靓丽
"中国名片"

第八章 8

中国中车

奔跑者
中国经济脊梁

中车集团总裁马云双在一次跑步的过程中，跟我分享了一个非常有意思的小视频，叫《山顶咖啡馆》。小视频拍摄的地点位于印尼雅加达，当地沿线有一条长约 200 米的隧道，在隧道出入口的山坡上有一家小小的咖啡馆，叫"瓦伦巴贝"，每天都有许多游客特意前来，为的就是边喝咖啡，边等待高铁驶过。因为等着看高铁，这个咖啡馆还出了不少当地网红，比如，视频里的当地青年达尼阿里桑迪和他的小伙伴们，每周都会在这家咖啡馆观景台拍摄，将雅万高铁的英姿传播至网络。几个月前，这里还只有瓦伦巴贝一家咖啡馆，如今在它旁边新开了好几家咖啡馆，几乎形成了咖啡一条街。每到下午，这里便是情侣约会、朋友聚会的好去处。雅万高铁开通以后，当地人自发形成了一个看高铁的车迷群体，都要去围观体验一下高铁飞驰而过的景象。

中国中车集团有限公司（简称"中国中车"）可以说是中国老百姓最为熟悉的央企之一，也是国际上最有好感度的企业之一。不管对中国中车这家企业了解多少，乘坐过中国制造高铁列车的国内外朋友们，都赞叹它的高速高效，被其便利性和安全性折服。中国中车的品牌建设做得很好：品牌故事既丰富又生动，企业形象也很人格化、立体化，不管是"新四大发明"之一的说法，还是高铁上立硬币不倒的现象级传播，大家都已经耳熟能详。

作为我国唯一的轨道交通装备产业化集团，拥有 140 余年发展历史的中国中车，是我国铁路高端装备制造业的"国家名片"。中车的历史可以追溯到 1881 年，中国第一家铁路装备制造厂胥各庄汽修厂（中车唐山公司的前身）成立。从中国第一台蒸汽机车"龙号机车"到如今的时速 600 千米的高速磁浮交通系统、京张高铁复兴号冬奥智能动车组、时速 350 千米的高速货运动车组，中车实现了我国轨道交通装备从"万国造"到"复兴号"的飞跃，已为中国 4.2 万千米高速铁路网提供 4000 多组"复兴号""和谐号"高速动车组。

在 2023 年的首届《中国 ESG 榜样盛典》上，中国中车被授予"一带一路"贡献特别奖。中国中车的发展历程承载着中国轨道交通百年梦想，记录着中国装备制造业的创新历程，彰显了中国企业为人类幸福领跑的道义。

说到领跑，中国中车又是一家充分体现跑步文化的央企。我和中国中车的高管团队、员工们都一起跑过，既跑过马拉松赛事，也在周末一起相约锻炼过。让我刮目相看的是，中国中车能跑的人真不少，很多人尽管没参加过马拉松赛事，但平时抬腿就跑 10 千米以上对他们来说不在话下。这几年，中国中车的高铁开进了世界各地，中国中车的小伙伴们也将跑步的习惯带到了世界各地。有一位中国中车的高管跟我透露，其实最早集团负责人开始跑步，就是从一次赴德国出差开始的。当时大家倒时差睡不着，索性一早爬起来跑步，以往出差因为工作原因来去匆匆，无暇留意城市的细节，这次因为跑步看到了平时被忽略的风景，对所服务的城市也多了许多情感上、感性上的认识。很多晨跑的当地人看到他们都会热情地打招呼，主动与他们攀谈起来，当得知他们来自中国中车，是造高铁的，一下子更激动了，对中国的高铁赞不绝口，这些赞许也让他们颇为自豪。

中国中车还是一个极富工程师文化的企业，不论是中车青岛四方、中车株洲这样以硬核技术研发创新闻名世界的子公司，还是中车总部的核心人员，都以技术派居多。尽管中国中车的品牌传播做得很好，但是其大部分男员工，用他们开玩笑的话说，都属于与异性说话还会脸红紧张的"理工男"。在很多与技术研发碰撞的过程中，这种"工程师文化"无处不在，体现在他们对技术的精益求精与不断自我突破中。

在这一章中，我想跟大家分享 3 个中车的故事，它们跨越时空，奔跑穿梭在世界各地——新中国第一台蒸汽机车"八一号"的故事、北京冬奥会"陆地飞人"的故事、今年通车的雅万高铁"山顶咖啡馆"的故事。我们的故事先从最早的"八一号"讲起。

➲ 起跑："八一号"的汽笛

1952 年 7 月 26 日傍晚，焦急等待的人们挤满了青岛四方铁路工厂的南广场。

汽笛伴着隆隆的车轮声由远及近。一位试车员等不及机车入厂，就跳下车来，挥着胳膊向大家高呼："跑得很好！跑得很好！"

整个广场沸腾了，新中国第一台国产火车头试车成功！

为了向建军节献礼，新机车命名为——"八一号"！

"初心不变，信物百年，我是今天的信物讲述人。今天我代表有着百年历史的中国中车带来这件信物，请看——

"这是一只古老的机车汽笛，它的主人是新中国第一台蒸汽机车'八一号'。由于'八一号'的体形过于庞大，无法亲临现场，所以我带来了它的汽笛。'八一号'就是随着它响起的号角，开始了传奇的一生，也揭开了新中国机车车辆工业辉煌的序幕。"

"八一号"机车汽笛

这是中国中车董事长孙永才在《红色财经·信物百年》节目中的开场白。1952 年 7 月 26 日，中华人民共和国第一台国产机车试车成功，在青岛郊际铁路四方工厂下线。为了向建军节献礼，这辆新机车被命名为"八一号"。

铁路是一个国家综合实力的体现，1825 年英国修建了世界上第一条营业性铁路，在近 200 年的现代化进程中，铁路一步步发展成为大国崛起的国之利器。中国第一条实现营运的铁路是 1876 年建造的吴淞铁路，第一条自建铁路是 1881 年的唐胥铁路。1949 年中国铁路里程只有 26 000 千米。在中华人民共和国成立前，我国铁路机车车辆工业发展艰难而缓慢，带有鲜明的半殖民地半封建社会的烙印，大部分工厂的管理权和经营权都被列强掌控，铁路机车车辆大部分依赖进口，被称为"万国"机车博览会，绝大部分工厂从事修理工作，装备简陋，设备陈旧，经营分散，技术落后，管理混乱。

中华人民共和国成立前，中国从没有造过自己的机车，工人们只能使用外国的旧零件，对机车进行组装和修理。1949 年，我国可统计的机车有 4069 台，分别出自 9 个国家的 30 多家工厂，机车型号多达 198 种，五花八门。在搜集资料的过程中，我们找到了很多细节。比如，当年，朱德总司令对新中国的铁路机车事业非常关心，他亲自关心问询："你们这个厂老工人和技术人员多，机客车是不是向造的方向发展啊？"正是朱德总司令在 1952 年的这句话，打响了青岛四方铁路工厂自主制造蒸汽机车的战斗。当时，四方铁路工厂刚刚结束了动荡的前半生。

1900 年，德国在青岛修筑胶济铁路的同时，修建了一座组装修理机车的工厂——胶济铁路四方工厂。此后近半个世纪里，四方工厂随着国家的命运起伏跌宕。1948 年年底，青岛四方机车厂濒临倒闭。新中国成立后，青岛四方机车厂终于重获新生。这次接到自主制造新型蒸汽机车的任务，工人们都满怀热情，干劲都非常高。虽然知道任务很艰巨，但既然接到了就一定要干好。技术革新在工人间展开，制造中国机车的梦想，正在一点一点变成现实。最难的是，半个世纪以来一向要从西方国家购买的配件，我们也要自己制造。大大小小的零件，一共造出了 10 000 多个。这是中国机车人自主创新精神的觉醒，中国铁路机车工业史翻开了崭新的一页。就在机车落成典礼的当天傍晚，"八一号"匆匆开赴抗美援朝的战场。此后的几十年，它的汽笛声响遍辽阔的大地。

1992 年 5 月 30 日，"八一号"蒸汽机车在淮南机务段光荣退役。此后，它由大同机车厂保存，还参加了历次蒸汽机车节展示活动。2010 年，山西大同机车厂将"八一号"作为庆祝建厂 110 周年的礼物送给南车青岛四方股份公司。"八一号"被拆分成锅炉、煤水车和转向架三部分，分别乘坐在三辆大型平板车上，返回山东青岛。在外漂泊了 58 年的"八一号"终于回家了。在青岛棘洪滩厂区，汽笛发出了最后一次长鸣。

这期节目在选择信物的时候还有一个小插曲。当时，我们和中国中车团队很早就把信物范围锁定在了新中国第一台蒸汽机车"八一号"。但问题又出现了，"八一号"蒸汽机车体形庞大，不能开进演播室，它身上虽然有 10 000 多个大大小小的零件，但"八一号"早已成了中车人心目中的文物，不能破坏强拆。中国中车的团队当时还提出了一个大胆的想法，颇具创意，也很让人动容："咱们的信物必须都要是有形的实物吗？能不能是无形的？对于我们搞了一辈子列车的人，曾经列车上的声声汽笛，是我们的荣耀骄傲，也是我们的时代记忆。可能对你们来说，列车的汽笛声都一样，但对我们来说，它的意义非凡。以前每次听到列车进站拉响汽笛的声音，虽然听过无数遍，但还是会内心激动。现在的高铁、动车技术日新月异，没有了汽笛，自然也不会再有汽笛声，可能现在很多年轻人都从未亲耳听过列车的汽笛声。当年'八一号'那声汽笛，是我们列车进入自主创新新篇章的胜利号角。我们中国中车这期的信物，能不能就是'八一号'汽笛的声音呢？"

不得不说，声音是一个时代的烙印，承载了一代人满满的怀旧情愫，虽然我们导演团队很想把中国中车团队给出的这个浪漫方案在节目中还原出来，但是考虑到整体的拍摄和呈现效果，最终我们还是认为综合来看，实体信物给观众带来的整体视觉冲击力更强、感染力更深。沿着这个思路，我们建议把"八一号"的汽笛拿来作为信物。汽笛相对于列车上的其他零部件，相对独立好拆卸，对"八一号"不会造成损坏，体积也相对较小，适合带到影棚放置，同时又能保留汽笛这个颇有意义的意象，我们也可以将汽笛的声音放在纪录片的成片里予以展现，增加感染力和真实感。最终，中国中车团队和我们愉快地达成一致，定下了最终让观众看到的这个方案。

如今，"八一号"停驻在了青岛棘洪滩厂177万平方米的厂区，我国具有完全自主知识产权的"复兴号"就是在这里制造的，每一辆"复兴号"由50多万个零部件组成。从1万到50万，数字背后是中国的飞速发展。在这里每4天就有3列全新的高速列车驶向高铁线路，"中国速度"令世界瞩目，汽笛声在历史中回响。目前，中国高铁已经形成"四纵四横"干线网，"八纵八横"高速铁路主通道越织越密，联通大部分百万人口以上城市，运营规模居世界首位。交通强国，铁路先行，装备支撑。作为中国经济的大动脉，今天已经有超过4000组高速动车组奔驰在4万千米的高铁线路上，保证中国路脉畅通，为14亿人提供最安全高效的出行方案。4万千米，可绕地球赤道一圈；4000多列高速动车组，打造"陆地航母"，见证盛世中国的每一处风景，承载千家万户的幸福温情。

"八一号"的历史使命已经完成了，但我们不会忘记它呼啸的汽笛声。这个故事的最后，我还要与大家分享一个细节。你知道吗？每个型号的火车汽笛，都有着不同的声音——不用说，这也是之前提出"无形信物"的中国中车团队告诉我的——这些不同时代的汽笛声像音符一样，谱成了一首别样的机车进行曲，见证着中国经济不断地向前奔跑。

➲ 飞驰：北京冬奥会的"陆地飞人"

在如火如荼的北京冬奥会的背后，还有一群特殊的参赛者，它们在用特别的方式呈现着自己的实力和魅力，他们就是为本届冬奥会增添了浓墨重彩的央企们，正是它们，成就了科技奥运、绿色奥运，而央企的董事长们就像这个特殊参赛者群体的领队，中国中车也是其中的佼佼者。我问孙永才董事长："如果用一句话来描述中车带领的这位特殊运动员，会怎么描述？"孙董事长很生动地介绍说："我带来的这位运动员是'陆地飞人'，年龄 4 岁半，身高是 4050 毫米，长度竖起来的话是 211.3 米，体重是 470 多吨，载客是 561 人，相当于 43 部电梯的载容量，特长是跑的速度快，职业生涯最长能有 30 年，能够持续保持巅峰状态。"

这位神秘的运动员到底是谁？揭秘一下，就是中国中车为北京冬奥会量身打造的新型奥运版智能高速动车组，它能达到时速 350 千米。孙董事长还很幽默地继续描述："我们这位运动员拥有着最长的赛道，因为目前中国的高铁里程已经达到了 4 万千米。此外，中车这支运动员队伍也是同领域队员数量最庞大的，目前中车的动车组保有量已经超过了 4000 组，占世界总保有量的 70% 以上。运营的里程数也是最多的，累计运行了 100 亿千米，相当于绕地球赤道 25 万圈，所以说它是名副其实的"特殊运动员"，冬奥期间主要承载着北京到张家口的接驳任务。"

就像我在开头说的那样，中车企业里多是搞技术的，充满了工程师文化。搞技术的人严谨务实、理性缜密，但又有他们独特的感性和浪漫。在做这期节目的时候，我们原本比较担心孙董事长会力求表达的专业精准度，不太适应使用面向公众的有颗粒度的、非纯专业语言的表达方式，导致很多非业内受众无法融入其语境中。结果证明我们的担心完全多余，孙董事长不仅快速地进入了状态，还娴熟地运用起了电视节目的语态，心态非常具有开放性，并且还具有东北人特有的幽默感。事实证明，这期节目的效果非常好，不仅让业

奥运版智能高速动车

内人士为之叹服，也让亿万观众记住了北京冬奥上这些"特殊运动员"的央企风采。

孙董事长继续介绍："这位'特殊运动员'参赛出场的'运动服'，也就是列车外观颜色是冰雪蓝，它还有特定的名字叫'瑞雪迎春'，它的设计不仅要外形美观，还要满足速度的要求。列车两侧各有 12 朵'雪花'，共计 24 朵，象征着 24 届冬奥会；同时融合了张家口地区特具代表性的剪纸窗花，寓意着八方来客，表达了中国的好客之道；而且融入了冰雪和奥运的元素，体现了中国文化和奥运的主题。

"此外在设计车头的时候，这名'运动员'在体形上有特殊的要求，因为速度越快，空气阻力就越大，当达到时速 350 千米的时候，它的空气阻力占总阻力的 80%。如何既满足速度的要求，同时又降低空气阻力，还要有颜值？当时我们提出了一个设计想法，叫作'上天入地下海'。它对应的是 3 种动物——天上飞得最快的是鹰隼，地上跑得最快的是猎豹，水中游得最快的是旗鱼。通过对这 3 种动物进行比对分析、仿真计算，进行了大量的风洞实验，最后选择了鹰隼的圆形造型，设计了列车的线条。通过不同的侧风、迎风实验，来优化动车组的外形，包括头形、两侧、车顶，还有车段连接处等。另外，可能很多人对鹰隼的特性不完全了解，鹰隼在平飞的时候能达到时速 120 千米，俯冲的时候能达到时速 350 千米。我们在选择了鹰隼的外形后，通过反复试验，最后的方案让整个空气减阻减少了8%，综合耗能降低了10%，一年能节省180万度电，真正做到了绿色节能，也体现了绿色办奥的宗旨。"

中国中车的冬奥动车组实力了得，但也遇到了不少挑战，如高标准、环境复杂、气温低、空间小等。第一个挑战是要首次实现时速350千米自动驾驶载客运营，这个标准放眼全世界都史无前例。这也是我们首次将北斗定位技术应用到高铁上，把北斗的卫星信号接入到列车的网络控制系统和智能服务系统，来实现冬奥列车的智能驾驶、智能服务、智能运维。

第二个挑战是首次建设时速350千米的移动高清演播室，对奥运赛场进行直播，实现高铁+5G、+4k的超高清演播，这也是前所未有的。当时我们总台很多工作人员也参与到这一趟高清列车的演播实战当中，第一次在快速奔驰的列车上，感受这世界上独一无二的移动高清演播室。这场拍摄报道可称之为"炸裂"——演播室高4.05米，宽3.36米，在这样狭窄的空间内，既要搭建切换的频道、多景观的摄影，更重要的是还要在350千米的时速下，实时转播传输高清的节目信号，这对中车来说无疑是巨大的考验。得益于科技的大融合，特别是5G的通信技术、北斗的定位技术、4K的高清技术、高铁的WiFi，最终实现了在高速运行下的高清演播室直播功能。

此外，中车还面临着第三个技术挑战，就是要穿越非常复杂的地形来完成两地之间的对接。孙董事长介绍说："京张高铁线路实际上并不长，只有 174 千米，但是线路特别复杂。一是气温低，奥运列车需要在−40℃的环境下满足运营的要求；二是坡道大，一般的高铁线路坡道坡度都在千分之十二以内，此次坡道的坡度达到了千分之三十，需要列车在千分之三十的坡道上实现正常启动和安全停放；三是环境条件也很严苛——风沙大、隧道多、海拔带来的气压差大，综上几点构成了一个复杂的操作环境。"孙董事长进一步解释说："整体线路有 15 个隧道，而且每个隧道海拔高度还不一样，太子城站海拔是 1600 米，下花园北站是 560 米，这样它的气压差就达到了 11 000 帕。下山的时候就像飞机下降，如果车内的气压调整不好，就会给搭乘的运动员、工作人员、乘客带来严重的耳鸣。为了解决这一难题，中车组织了一个庞大的技术攻关团队，每天工作 17 ~ 18 小时的时间，对每条隧道线路的特点、所处海拔的高度、进口和出口进行逐项分析。通过 100 多次往返，积累了大量的数据，做了仿真分析、实车试验，据此来不断优化空调的控制逻辑。"

孙董事长感叹说："我们的同事确实非常辛苦，但最后还很风趣地跟我说，他们通过研制这次的奥运列车，不仅把自己培养成了高铁的技术专家，还成了地质学和气象学的测绘专家，这下我们都成复合型人才了，值得祝贺啊！"孙董事长说："这次冬奥的特殊参赛经历，对我们来说最大的收获是什么？就是中车通过参与奥运的项目为奥运服务，让中国中车一个以装备制造业为主的中央企业的技术创新，特别是融合最新技术，得到了极大激励和提升，创新了发展思路。"

事实上，中国中车一直致力于技术创新和可持续发展，不断推动轨道交通装备的升级换代和绿色环保。通过研发新能源技术、智能控制技术、轻量化技术等，成功打造了一系列节能环保、智能高效的轨道交通产品。同时，中车集团还积极参与国际环保标准和规范的制定，推动全球轨道交通行业的绿色发展和可持续发展。这些举措不仅体现了中国中车的社会责任和担当，也展示了中国企业在推动全球可持续发展中的积极贡献。

中国中车的北京冬奥会故事讲到这里也进入了尾声，我想在冬奥的舞台上展现的不仅是奥林匹克精神、运动员的优秀成绩，我们也通过技术的力量展现着国家的形象，展现着我们国家科技创新的实力。不仅在北京冬奥的特殊赛场，我们也看到中国中车在科技创新和技术创新的比拼当中，在全世界的许多赛场上，都不断传来摘金夺银的好消息。

⊙ "连接世界造福人类"：雅万的山顶咖啡馆

2023 年 12 月 3 日，中国中车董事长孙永才再次来到我们位于北京光华路的央视新址演播室。这一次，他是代表中国中车来领奖的。当天晚上，我们总台举办了首届《中国 ESG 榜样盛典》，为在全球 ESG 领域实践突出的榜样企业颁奖。中国中车集团获得了首届"中国 ESG 榜样企业"的"一带一路"贡献特别奖。在中国中车的获奖词里，这样写道：

"2023 年 9 月 6 日，由中国中车自主研制的全球首列氢能源智轨电车在马来西亚砂拉越州首府古晋开跑，中国中车以氢能智轨车辆满足了古晋当地对环境保护的需求。

"'一带一路'10 年，中国中车轮轨之上载着'中国名片'服务于六大洲 110 多个国家和地区，以中国智慧为全球的可持续发展与共同繁荣做出贡献。

"蒙内铁路在建设期间为肯尼亚创造了约4.6万个就业岗位；雅万高铁的开通将两地旅行时间由 3.5 小时压缩至 46 分钟；中欧班列通达欧洲 45 个国家 200 多个城市；中老铁路开启了老挝由'陆锁国'到'陆联国'的梦想大门；2023 年 10 月 17 日匈塞铁路高速动车组项目正式签约。

"10 年间，从'硬联通'到'软联通'再到与共建国家人民'心联通'。"

在共商、共建、共享的理念下，中国中车从基础设施到环境和谐，从文化融合到惠民生可持续，跨越不同文明、文化、社会制度和发展阶段差异，搭建起国际合作的新框架。

在过去的 10 年中，"一带一路"倡议作为破解人类发展难题的中国方案，助力相关国家打造政治互信、经济融合、文化包容的利益共同体、命运共同体和责任共同体，对于维护世界和平稳定、增进各国人民福祉、促进繁荣发展具有深远持久的意义。参与"一带一路"共建的中国企业持续提高境外项目投资建设与所在国经济社会发展的一致性，促进当地经济增长、生态环境保护和人民生活改善。自"一带一路"倡议提出以来，中车集团以轨道交通业务为核心前伸后延产业链，凭借专业优势，不断创新国际业务商业模式，为当地轨道交通运输系统带来了前所未有的技术更新，线路的开通运营大幅提升了当地居民的出行体验，有效提高了当地经济、社会、环境、民生发展质量。

2023 年 10 月 17 日 16 时 35 分（北京时间），G1137 次动车组列车从印度尼西亚共和国（简称"印尼"）雅加达哈利姆车站开出，雅加达至万隆高速铁路正式开通运营。雅万高铁连接印尼首都雅加达和旅游名城万隆，线路全长 142.3 千米，最高运营时速 350 千米，两地最快 46 分钟可达，这标志着印尼迈入了高铁时代，全线采用中国技术、中国标准，也是中国高铁出海首作，第一次全系统、全要素、全产业链走出去。

中国中车总裁马云双在一次跑步的过程中，跟我分享了一个非常有意思的小视频，叫《山顶咖啡馆》。小视频拍摄的地点位于印尼雅加达，当地沿线有一条长约 200 米的隧道，在隧道出入口的山坡上有一家小小的咖啡馆，叫"瓦伦

雅万高铁

巴贝"，每天都有许多游客特意前来，为的就是边喝咖啡，边等待高铁驶过。因为等着看高铁，这个咖啡馆还出了不少当地网红，比如，视频里的当地青年达尼阿里桑迪和他的小伙伴们，每周都会在这家咖啡馆观景台拍摄，将雅万高铁的英姿传播至网络。几个月前，这里还只有瓦伦巴贝一家咖啡馆，如今在它旁边新开了好几家咖啡馆，几乎形成了咖啡一条街。每到下午，这里便是情侣约会、朋友聚会的好去处。雅万高铁开通以后，当地人自发形成了一个看高铁的车迷群体，都要去围观体验一下高铁飞驰而过的景象。

说实话，当时看到这个小视频，我觉得又好玩又有点难以置信，我跟马总开玩笑说，"这些车迷们不会是你们自己组织的吧？当地人为了看高铁真能有这么大的劲头和热情？"马总笑着说："真的不是我们组织的，开始我们都没注意到，还是在当地的社交媒体上看到了这些小视频才发现的，我们的高铁真是为当地社交媒体做出了流量贡献，为网红们增添了人气，还为他们提供不少创作素材。"最有意思的是，印尼一位青年歌手阿克巴尔还以雅万高铁为题材，创作了一首说唱歌曲《雅万之歌》，这首歌在社交网络上迅速走红。放几句歌词来感受一下："从郑和下西洋到共建雅万高铁，中国是我们的老朋友……想想吧，从雅加达到万隆，高铁将行程从 3 小时缩短到 40 分钟，高效又环保。"别说，还真是直抒胸臆、不吝赞美。

雅万高铁项目前后经历了几年，马总也为这个项目往返印尼多次，全程推动与见证了雅万高铁项目的整个过程。他与我们分享了几个高铁建设中所遇到的难关："轨道交通产品本身是一个定制化的产品，需要通过对环境的了解、对当地民众生活习惯的把握，以及对文化需求的掌握，针对性地去设计方案。我们虽然一上来就拿出了最好的动车组产品——时速 350 千米的复兴号，但是能不能适应当地的环境，还要经受很多挑战。印尼横跨赤道，四面环海，自然环境体现出来是高温、高湿、高腐蚀。这些环境因素恰恰就决定了需要对高铁的关键技术进行相应的调整和设计。比如，面对高腐蚀性的环境因素，就要求材料具备耐腐蚀特性，为此从 2018

年开始，我们将100多种车体材料的样件放到了雅加达和海南万宁长达两年时间，为的就是做相关的测试，基于测试的结果来制订防腐的方案。

"再比如，由于印尼当地对高铁产品不了解，一些立法标准的设置与高铁产品的指标存在着冲突。当地用普速车的噪音水平来约束高铁的噪音，这在现实情况下是难以达到的。为此，我们团队通过跟对方进行了充分的技术交流，并请他们来亲自体验，最后对方逐步接受，并对相应的法律法规做了调整。此外，在产品外观的设计上，我们团队也要研究什么样的设计要素更能代表印尼的文化。在中车设计中体现的文化元素，第一个就是印尼国宝级的动物——科莫多龙，它是已知现存种类中最大的蜥蜴。这个要素被提炼出来，放在了高铁车体表面的红色纹理里面，而红色就是提取了印尼的国旗色。印尼还有一种传统服饰叫巴迪克。在印尼，上至总统，下至百姓，每逢重要场合都会穿着巴迪克。巴迪克是印尼的古法蜡染技艺，也泛指由这种工艺染成的花布或由其制成的服饰，这种色彩丰富、图案繁多的服装被印尼人视为国服，是民族身份的象征。因此雅万高铁在车站内部设计、车厢座椅方面，就采用了巴迪克传统蜡染风格。这几个组合在一起的要素，都是印尼人民心目中最骄傲的文化象征与符号，因此这样的设计方案也收获了当地人的充分认同与好感。"

雅万高铁是体系庞大的系统工程，在正式通车前，中车的团队用了 4 个多月的时间，进行了包括轨道、牵引供电、信号、列车互相之间接口的种种调试，工作量又大又庞杂。当时中国中车派出的试验团队是 34 个人，那段时间有时候凌晨三四点就要爬起来开始准备工作，甚至有时一直试验到下半夜。这里引用团队负责人的一句浪漫的描述："我记得我们所在的动车段附近有一座桥，在那段试验的日子里，从早晨的朝阳到深夜的月光，我见过那座桥上 24 小时的风景。"

马总说："应该说通过雅万高铁，当地人对中国的工业产品产生了颠覆性的认识。早期咱们中国在那边出口很多摩托车，因为市场竞争低价、低质，在当地的口碑非常差，以至于当地人对中国的工业产品印象也不是很好。其实当地人大多都没有来过中国，对于我们生产的高铁能不能按照 350 千米时速运营，其实直到开通之前还是持怀疑态度的。"他讲了一个细节，"当时我参与了列车的试验，在试验过程中，印尼方在我们高铁达到 350 千米时速时爆发了热烈的掌声，他们的心情非常激动，因为他们知道印尼即将拥有东南亚第一条时速 350 千米的高铁。他们从开始的难以置信，到后来内心充满了骄傲和自豪。高铁开通之后，不仅当地民众激动不已，我们与印尼官方的合作从早期的'不能谈'，到'可以谈'，到'一切皆可谈'，是一个非常实质性的变化，这次合作也打开了中车新的市场领域。经过了雅万高铁的成功通车运营，当地对中车的轨道交通产品有了高度认可。"

与世界分享中国名片，与世界共享中国智慧。如今，中车的"朋友圈"越来越广，遍布全球六大洲110多个国家和地区。在此引用中国中车的司赋《中车赋》中的一段："五千年文明赓续，浸明浸昌；八万里风光同域，融济万邦。思源致远，初心不忘；盛世伟业，与君共襄。中国中车，大道无疆！"

从高端装备到系统解决方案，从国之重器到文化交流使者，我们相信，一直在奔跑的中国中车，未来将持续探索，树立全球行业标杆典范，共创世界民族绵长福祉，持续为全球轨道交通快速发展提供中国智慧和中国方案，继续展现这张"中国名片"的魅力与风采。

信息高点眺文明

奔跑者
中国经济脊梁

第九章

中国移动

9

奔跑地
西藏珠穆朗玛峰
珠峰大本营

我们当时通过视频连线了位于东经 86.85439°，北纬 28.13109° 的珠峰大本营基站的中国移动工作人员格桑多吉。在他的身后就是两座 5G 基站，基站所发射的信号可以覆盖 8848.8 米高的珠峰峰顶。在建成的几年时间里，基站承接了珠峰高程测量、珠峰科考，以及我们央视直播等各项重大活动。为了节省能耗，基站在没有科考、珠峰测量这些特殊需求的时候就会关闭。在与格桑多吉视频连线的过程中，尽管他已尽可能地以最大的音量扯着嗓子跟我们对话，但声音还是经常会被猎猎的风声掩盖，我们不得不很仔细地听，才能听清他说的内容。

中国移动通信集团有限公司（简称"中国移动"）可以说是公众最为熟悉、与生活息息相关的央企之一。在移动互联网时代，我们无时无刻不在使用着、享受着中国移动提供的服务和便利。北到漠河，南到华阳礁，西到喀什，东到抚远，高到珠峰顶峰，可以说移动信号无处不在。但从某种程度来说，中国移动恐怕又是公众身边"最熟悉的陌生人"。

我们可以通过一串耀眼的数字感受一下中国移动的体量、规模、运营能力：拥有全球最大的通信网络，基站总数达到680万座，其中4G基站达到394万座，占全球总数的三分之一；已建成总长度3069.8万皮长公里的光传输网络，相当于绕地球赤道767.5圈；有着全球最大的客户规模，总连接数近34亿，其中人的连接13.1亿，物的连接20.8亿。2024年3月21日，中国移动发布了2023年财报。此次财报出炉后，中国移动超越美国电信运营商威瑞森（Verizon），成为全球营收最高，也是全球唯一一家营收破万亿元的运营商。截至2024年3月22日收盘时，中国移动总市值为22 550亿元，成为A股市值最高，也是全球市值最高的电信运营商。

2000年4月20日，在北京西便门附近一座看起来毫不起眼的办公楼中，中国移动通信集团公司正式成立。2001 年，在电信业改革重组中诞生的中国移动，在成立之初就对标世界领先企业，正式确定了"争创世界一流通信企业"的战略愿景。

从 2000 年中国移动集团公司成立算起，二十多年的时间里，中国移动实现了跨越式发展，这些闪亮的数字既是中国移动的成绩，也是中国电信业的骄傲，更是中国经济腾飞发展的重要组成部分。然而，真正能够代表中国移动的，又不仅仅是这些数字，在我们看得到和看不到的地方，在公众感受得到和感受不到的地方，中国移动已然经历，或者说，正在进行着它的蜕变。当在一个高度国际化、市场化、开放化的竞争性行业里拼斗数十年，终在世界"丛林"中杀出了一条自主创新的血路后，中国移动却毅然选择了转型，它在信息文明时代找寻实现企业可持续发展的答案，让信息文明成果惠及中国，乃至全人类。

业内公认，移动通信技术每十年左右就会更新一代。1G 空白，2G 跟随，3G 突破，4G 同步，5G 引领——中国移动的成长史，就是一部中国通信企业在国际通信领域话语权不断提升的历史。从 1G 到 5G，再到正在来临的 6G，某种程度上以中国移动为代表的通信企业，在用技术定义着我们当下生活的时代。"4G 改变生活，5G 改变社会"，6G 将促使世界走向"数字孪生、智能泛在"，实现"6G 重塑世界"。面对技术不断迭代的飞轮，身处高速发展的行业，它不能也从未停下脚步。它不再是传统运营商、技术的追赶者，而是信息时代的前瞻者、领跑者。

我要讲述的中国移动的故事，从新中国的第一通移动电话，到"地球之巅"的中国高度，再到"十大 ESG 榜样企业"，也是有关中国移动过去、现在和未来的故事。

⊙ "大哥大"：新中国的第一通移动电话

1987 年 11 月 20 日，第六届全国运动会的主席台上，响起了一阵特殊的电话铃声。

"喂，李局长，我是移动电话广州基站，您能听清我的声音吗？"

"能，非常清晰。"

声音摆脱了电话线的束缚，回荡在广州天河体育中心上空。

这是在 1987 年 11 月 18 日，广东省珠江三角洲移动电话网首期工程开通仪式上，一通拨往北京的移动电话的内容。

算算时间，这段对白就发生在不到 40 年前。诞生在移动互联网时代的人们，可能无法共情当时的人们用移动手机接到电话时的惊喜与激动，但就是这么简短的一番对白，却令在场的人们都热血沸腾了，因为它开启了一个新的技术时代，标志着我国正式步入移动通信时代。

"初心不变，信物百年。我是今天的信物讲述人杨杰。截至 2020 年年底，中国的手机用户有将近 16 亿户。但是大家知道当年打通我国第一通移动电话的手机长什么样子吗？今天，我给大家带来的就是这件信物，请看——"

这是中国移动董事长杨杰在《红色财经·信物百年》节目中的开场白。他带来的信物，是一台被戏称为像砖头一样的古早手机，俗称"大哥大"。它是 1983 年摩托罗拉公司推出的一款在当年引起了巨大轰动的手机，人们给它起了一个很霸气的名字，叫"大哥大"。的确，在那个年代能够用得起它的人基本上非富即贵，但是今天看起来似乎应该再给它起一个别名——"大疙瘩"，因为它实在是太重了。它有多重？现今早已习惯使用轻便小巧手机的年轻人可能想象不到，这款手机重达 900 克。900 克相当于什么概念？一本厚实的精装图书，一只不含锅盖的小型家用铁锅。手持一个 900 克重的家伙是什么感觉可想而知，而且它的通话时长只有 30 分钟，但是它让当时的人们和移动通信技术之间有了第一次的亲密接触。而杨杰董事长身边的这台极具时代感的手机，正是拨通了新中国第一通移动电话的原物。

1984 年，时任广东省邮电管理局局长的李轶圣，第一次在瑞典见到了"没有线的电话"。那时的他还不知道，这个砖块一样的东西潜藏着改变世界的力量。随着改革开放如火如荼地进行，许多投资商涌入处于开放最前沿的广州，他们手持的"大哥大"格外引人注目，然而广州并没有移动通信网络，带过来的"大哥大"不能用。在这样的情况下，李轶圣开始进行成本核算，谁知道算出来的结果吓了所有人一跳，设备加终端手机，平均每个用户要花五六万元，这相当于当时普通人十几年的工资。

"大哥大"信物照片

相关部门对"大哥大"的态度也不乐观，"固话普及都没解决，搞这些名堂干什么。"一开始的答复让李轶圣心凉了半截。在李轶圣的反复劝说与争取下，也出于对新事物的支持，最终李轶圣争取到去改革开放的前沿广东试试看的机会。这个时候，资金成了最大的问题，李轶圣做了一件在当时相当大胆的事，被戏称为"借钱买鸡，下蛋还钱"的模式——贷款。他先找到广东省政府，调动广州、深圳、珠海三地的贷款指标，又争取到了香港电讯的支持，共得到1000万美元贷款。由于申请不到网号，最初的移动电话不得不借用了9字头的市话号码。然而，就是这么一个简朴的网络，却成了中国历史上第一个真正的移动电话网。

1987年11月18日，在移动电话网首期工程的开通仪式上，原邮电部部长杨泰芳生疏地拨通了第一个电话："喂……喂……能听见吗……"中国移动通信的新时代，在人们盼望又带着疑虑的目光中，就这样悄然开启了。

作为最先吃螃蟹的人，当年创业者们在面对"用户能够有多少"的提问的时候，曾鼓足勇气下了保证，10年后，移动通信用户将达到8000个。那时的他们还想不到，未来移动用户的发展超出了他们想象的1000倍——1997年，中国移动电话用户总数超过了1000万；他们更不会想到的是，30年后，这个数字会超过中国的总人口，上升为惊人的16亿。

正如杨杰董事长所说："我国最早的移动通信事业是在一片质疑声中艰难起航的，但在此后的几十年，让所有人刮目相看。正是老一代通信人的远见和坚持，让广东乃至中国的移动电话业务幸运地早'降生'了几年，也为我国移动通信业的飞速发展奠定了坚实的基础。"

中国移动脱胎于具有光荣革命传统和深厚历史底蕴的中央军委三局、邮电部。1928年11月，周恩来同志在上海设立了中央特科——第四科无线电通讯科，这是我们党最早负责无线电通信的专门机构。到了全面抗战时期，八路军、新四军根据中央军委的指示开始通信兵的编配工作。1941 年 10 月，毛主席为红色通信兵的题词："你们是科学的千里眼、顺风耳，"首次发表在《通信战士》杂志上，并一直传诵至今，鼓舞着一代又一代的通信人。周恩来总理在转战陕北期间提出"中央委员加电台，等于党中央"，可以看出，通信工作在革命过程中占据着至关重要的作用。新中国成立前夕，1949 年 5 月，从中央军委三局分出成立了中央军委电信总局。1948 年 12 月，毛主席在西柏坡亲笔为《人民邮电报》题词，"人民邮电"，这四个字，当时毛主席总共写了三遍，最后选用的是第三个，据说是因为这个"人"最挺直。新中国邮电经营的"八字方针"——迅速、准确、安全、方便，这"八字方针"也是每一位邮电人的座右铭。伴随着改革开放的到来，新中国的邮电通信事业得到了跨越式的发展。1979 年 4 月，邮电部召开了改革开放后第一次全国邮电工作会议，余秋里、王震、谷牧三位副总理出席了会议并为通信发展指明了方向。1986 年，邮电部电信总局成立全国首个移动通信运营管理机构——移动通信处，并在此基础上于 1994 年成立移动通信局。随后，历经"邮电分营"、中国电信总局一分为四，2000 年中国移动通信集团公司挂牌，2004 年主营业务资产整体在中国香港和纽约上市。2017 年完成公司制改制，更名为中国移动通信集团有限公司。2022 年所属中国移动有限公司登陆 A 股主板，成为"红筹公司回归 A 股主板上市第一股"。

基于中国移动悠久而极富时代特色的历史，这期节目在选择信物的时候几度让人产生"选择困难症"，我们和中国移动沟通，主要聚焦在选择哪个时代的物件作为企业的信物。比如，1982 年，新中国第一套万门程控交换机在福州诞生，号称"不管打到世界上任何地方，10 秒内接通"，福州"一不小心"走在了世界前列，连台湾和香港的电信公司都慕名前来参观。20 世纪 80 年代初，中国电话最通畅、最清晰的城市，不是北京，不是上海，也不是经济特区深圳，而是省会城市中的福州。香港《明报》曾以《项南治聋》为题对此做过专题报道。再比如，1991 年，由当时的郑州通信学院研制出我国第一台拥有完全自主知识产权的大型数字程控交换机——HJD04 机。HJD04 机的研制成功，打破了西方世界所谓的"中国自己造不出大容量程控交换机"的断言，并且经过 15 年的努力，1997 年我国所有县以上城市都实现了电话程控交换。最终，几经策划沟通，我们还是将信物锁定在了这台拨通移动时代电话的"大哥大"。

中国移动的诞生成长之路，映射着信息技术的飞速发展，也体现着时代的变迁。从第一台"大哥大"，到万物互联的"物联网"，移动通信在三十多年的时间里，改变了每个人的生活。远到海南三沙，高到世界屋脊珠峰，从繁华的都市，到偏僻的山村，移动网络的信号无处不在。通信技术的应用场景也早已不仅是手机通话，而是赋能千行百业，为生产生活、经济发展带来一系列的变革，其发展的速度之快、变化之大，超出了所有人最初的想象。

➲ 5G 基站："地球之巅"的中国高度

作为"地球之巅""世界第三极"，珠峰让很多人可望而不可即，只有为数不多的登山者敢于去攀登，挑战自我。但今天，我们发现，跃然于峰顶的不仅有那些冒险者，还有中国移动的 5G 基站。

2022 年 9 月，我与杨杰董事长再次碰面是在录制系列节目"中国产业坐标"的时候，他带来了一个数字——6500米。这个数字背后是中国移动建设的全球海拔最高 5G 基站，位于珠穆朗玛峰 6500 米前进营地，于 2020 年 4 月 30 日正式建成开通，也是 5G 信号首次"登顶"世界之巅，代表着中国产业坐标的"高度"。我们当时通过视频连线了位于东经86.85439°，北纬 28.13109° 的珠峰大本营基站的中国移动工作人员格桑多吉。在他的身后就是两座 5G 基站，基站所发射的信号可以覆盖 8848.8 米高的珠峰峰顶。在建成的几年时间里，基站承接了珠峰高程测量、珠峰科考，以及我们央视直播等各项重大活动。为了节省能耗，基站在没有科考、珠峰测量这些特殊需求的时候就会关闭。在与格桑多吉视频连线的过程中，尽管他已尽可能地以最大的音量扯着嗓子跟我们对话，但声音还是经常会被猎猎的风声掩盖，我们不得不很仔细地听，才能听清他说的内容。

在节目录制中，我们向杨杰董事长提问："从视频和照片上看，珠峰上的 5G 基站，外观与我们城市里的相比好像没什么区别？基站建设主要的难点在哪里？"杨杰董事长解释说，"基站是一样的，主要是难在建设。基站位处高海拔高寒地区，环境艰苦，对基站建设和设备的要求也更复杂、更有难

珠穆朗玛峰 5G 基站

度、更特殊。高山地区气候复杂，低温低压，之前上去的大多是专业的登山运动员，所以对于网络建设来说，运输、传输、供电、维护等工作都有较大的难度，从整体的规划设计、工程施工到运行维护，都比在一般地区建设基站更加艰难。中国移动的团队要做的是一件此前没有人做过的事情，如同第一次登顶的登山运动员一样，要面对许多挑战和未知领域。"我们在查资料时看到一个细节，一个体积 2 立方米、重达 200 千克的电池保温箱，需要由一支多达 30 人的搬运队伍，中途歇了近 10 次，费了将近 2 小时，才从海拔 5130 米的珠峰大本营搬运到施工现场。而从珠峰大本营前往海拔 5800 米的基站施工现场，往返 8 千米的路程却足足需要花 10 小时。而作为世界上海拔最高的基站，海拔 6500 米处的基站所处的环境则更为恶劣。

我们在连线时直观感受到的是风声特别大，事实上，在风声的背后还有寒冷。这些外在因素会给基站建设带来几个最直接的影响，首先就是标准。以前建设基站使用的是一套在平原陆地上制定的标准，这个标准是否能够在珠峰这么高的海拔上适用，这就是他们面临的第一个问题。再就是设备的元器件，一般来说基站设备的元器件能够保持正常工作的极限温度是-40℃，但在如此高的海拔上，温度低于-45℃经常发生，到达这个数值以后，设备就无法正常启动运行了。此外，这里风速非常大，有着高达 16 级的极限风速，基站设备的天线能否在这么高的风速下运行，这些都是团队要面对的难题。因此，以上诸多难题的解决也标志着中国移动通信技术又达到了一个新的高度，不仅迈出了中国移动的一大步，更迈出了全球通信行业的一大步。

这样的技术高度也意味着，我们有能力在各种非常复杂的极端情况下，按照自己的设想，根据不同场景、地域来设计我们自己的系统。比如在北京冬奥会的海拔 2000 米的赛场上，在挪威温度低兼有强风的场景中，在瑞典的滑雪场上，等等。我们的技术不仅在国内发挥作用，也走出了国门，"6500 米"这一中国的产业"高度"也代表着我们的技术成熟度，代表着我们在问鼎世界的产业技术高度。

我们又追问杨杰董事长："那是不是意味着只要有需求，我们的基站就能建到任何地方？"他当时的回答是："珠峰基站只是我们现在 590 万个基站（截至 2022 年 9 月 25 日）中的一个，我们不仅有最高的基站，还有最深的、最远的基站，比如，我们已经把 5G 基站建到了地下 900 米的煤矿里。我们的基站遍布东南西北，北到黑龙江的漠河，南到海南的三沙。这 10 年中国移动已经投入近 2 万亿元进行信息网络基础设施的建设，全国人口覆盖率达到了 99%，光纤宽带覆盖到 6 亿家庭，基本上做到了只要有需求，都可以安排。"

杨杰董事长还补充说："事实上，早在 2003 年中国移动的基站就已经建到珠峰上了。当时中国移动提供网络技术支持，中国登山队在海拔 8848 米的珠穆朗玛峰峰顶使用中国移动网络打通了电话，并用短信通告了这一喜讯。随后，在奥运会之前的 2007 年，中国移动建成珠峰 6500 米基站。2008 年，北京奥运圣火第一次登上珠峰峰顶，并及时把信息传回来，让全国人民和全世界人民都看到。当时媒体向全球发布的首张奥运圣火珠峰传递照片，就是通过中国移动网络成功传回的，成为刷新世界移动通信史的壮举。2010 年，中国移动在珠峰的绒布寺开通了 3G 基站；2013 年，中国移动在珠峰大本营开通了 4G 基站；2020 年，中国移动正式启动'5G 上珠峰'活动，先后在海拔 5300 米的珠峰大本营、5800 米过渡营地、6500 米前进营地新建 5 个 5G 基站和 3 个 4G 基站。至此，中国移动实现了 5G 信号对珠峰北坡登山线路及峰顶的全覆盖。"

2020 年 5 月 27 日，2020 珠峰高程测量登山队成功登顶，中国移动依托覆盖珠峰峰顶的 5G 网络，独家全程圆满完成珠峰高程测量通信保障工作。登山队成功登顶的高清视频画面，通过中国移动 5G 网络，在全世界面前，以前所未有的角度和方式，见证了珠峰登顶和测量的过程。2020 年 12 月 8 日，中国和尼泊尔两国领导人互致信函，共同宣布了珠穆朗玛峰的新高程——8848.86 米。

中国移动在珠峰搭建并开通的 5G 基站具有重大的意义，不仅是中国移动的一大步，更是全球通信行业的一大步。

　　细数过往，中国移动在珠峰创造了一个又一个通信奇迹。正如杨杰董事长所说，中国移动一路走来，在珠峰上一次次的跋涉，也反映了我国移动通信发展的历程。中国移动通信经历了 1G 空白、2G 跟随、3G 突破、4G 并跑，并率先走入 5G 时代的大门。这些年，5G 跟高铁、特高压一样，成为引领世界的中国名片。

　　杨杰董事长说："这些历程更重要的底层变化，是标准高度的不断攀升。从一通电话到今天的实时高清视频回传，从当年的 2.5G 到今天的 5G，每次任务的共同点都是以最前沿的标准完成保障，是从'中国标准'向'世界标准'转变的过程。在 3G 和 4G 时代，中国移动通过建设运营 3G TD-SCDMA（时分同步码分多址），促进中国信息通信业首次构建起完整的产业体系，并推动中国主导的 4G TD-LTE（分时长期演进）国际标准走向全球、规模应用。面向 5G，中国移动在 5G 需求的提出、5G 国际标准的制定、5G 关键技术的引领、5G 端到端产业的构建、5G 对赋能各行业的开拓等方面都做出了突出贡献。从 3G 时代中国移动通信标准只有中国移动一家使用，到带动我国自主创新的 4G TD-LTE 占据全球半壁江山，再到牵头 5G 国际标准项目、申请 5G 专利数稳居全球运营商第一阵营，主导发布 6G 网络架构等 20 余本白皮书。中国移动在每一代通信技术更迭中，都扮演着至关重要的角色。"

　　由于移动通信产业的国际化特点，争夺标准话语权是移动通信产业全球竞争的重要内容。一流企业做标准，二流企业做品牌，三流企业做产品，企业如此，国家也如此。5G 标准体系庞大，涉及技术、产业众多，全球各个国家、各个公司都希望在 5G 之争中占据有利地形，掌握了标准就是掌握了技术话语权和产业先发优势。杨杰董事长说："我们现在可以自豪地讲，我们国家在移动通信方面，从标准、技术、产业、应用等各个方面，现在已经处于全球领先水平。从 4G 到 5G，技术进步改变了全球通信产业发展的格局，改写了移动通信产业链的实力，我们实现了群体突破，跻身国际高端行列。"

　　当中国的移动通信技术站到了一个新的高度时，我们看

建设时期的珠穆朗玛峰 5G 基站

到基础电信运营商在物理、技术、标准层面也在不断站上新的高峰，早已不再只跟话费、网速这些词汇挂钩。"中国移动"这几个字的背后，也有了新的角色和定位。杨杰董事长用"三个转变"来表述："第一个是业务发展，从通信服务向信息服务的转变，这两个字的变化把中国移动的业务范围一下拓展很大。第二个是业务市场，由 2C（to customer, 个人移动业务）为主向 CHBN 全向发力、融合发展转变。CHBN 指个人移动业务（customer）、家庭业务（home）、政企业务（business）和新兴业务（new）。第三个是发展方式，由过去的资源驱动向创新驱动转变。我们系统建设以 5G+ 算力网络、+ 智慧中台为重点的新型信息基础设施，创新构建以连接 + 算力、+ 能力的新型信息服务体系，整个变化也集中体现在这两个新型方面。通俗地说，今天的中国移动已经不再仅仅是卖流量、卖话费，而是还要卖算力、卖能力。"

我们又向杨杰董事长提出了一个问题："在人类的历史中，人口、土地、矿产、能源都是资源，在未来，数据会不会成为一种资源？曾经那些资源都有标价，未来的数据能定价吗？什么样的数据会是值钱的？"

杨杰董事长认为："如果说我们过去的经济形态是与土地、资源等这些参数有关，那么未来的新经济形态，不光跟这些资源有关，还应该跟数据的流动有关。数据的流动靠的就是通信，有了通信基础设施在里边牵引，数据才能流动起来，把我们真正带到一个新的经济社会形态里去。"为了更好地说明算力，他打了个比方："电力现在已经成为日常生活中谁也离不开的一种社会的基础设施了，但是在使用电力的时候，我们不用关心它是水电、核电还是火电，也不用关心这个电厂建在哪个地方，只要通过这张电力网，我们就可以方便地使用电力。算力网络就要像电力一样，使算力成为社会级的服务，即取即用，非常方便快捷。现在各个数据中心相互是没有关系的，这个数据中心的算力只能在这使用，包括我们国家现在正在推进东数西算，也是要基于算力网络才能够实现的，否则没有形成这么一个有机的系统，也不可能做到东数西算、东数西存、东数西需。所以通过算力网络，就能够实现在不同数据中心之间的算力，大家都可以灵活地去调用。"

"那么，在算力时代，如何进一步挖掘数据，让它更有价值？"我们继续追问。杨杰董事长认为："在信息文明时代，数据已经成为新的生产要素，当然这个要素跟过去传统的其他要素不同，有它的特殊性。比如，可再生，多样性，可重复使用，可共享，同时它又是虚拟的，看不见摸不着。我们现在就希望把数据变成要素，可分三步走：第一步是把它变成一种资源，第二步是把它变成资产，第三步是把它变成资本。当然我们现在对数据的广泛应用也还有很多问题需要解决，包括技术的、社会的、法律的问题。比如，我们到医院看病、在网上消费购物生成了数据，这些数据是有价值的，但是这些数据还有所有权、使用权、收益权，这些问题都是需要下一步去解决的。"

如今，"算力"这个词可能对很多人来说都不再陌生，但在我的印象中，杨杰董事长从很早开始就提到了"算力"，并对此有自己的一套系统的思考体系。他认为，算力设施已经成为像铁路、公路、机场、水力一样的新时代必不可少的基础设施，是数字经济的主体。中国移动的目标就是要推进算力像电力一样即取即用，成为一个社会级的通用能力。目前算力主要是以数据中心的形式呈现，但是光有数据中心还不够，需要把社会上所有的算力都能纳入整个网络里来，随处可以调用。在这样的思考框架下，杨杰董事长最早提出了"算力网络"这一全新理念，其核心是将孤立的云通过网连起来，通过算网大脑统一调度资源，打造以"算"为中心、"网"为根基，多种信息技术深度融合的算力网络，推动算力成为与水、电一样，可"一点接入、即取即用"的社会级服务。

在很多场合上，杨杰董事长都公开分享过他原创设计的一个公式：$C= \sum [E+I+f（E \times I）]$。我有幸在比较早的时候听他讲过，但说实话，对于我这样一个文科生来说，第一次见到这样一个公式摆在面前，首先从心态上就产生了一些"畏惧感"。为了让我更好地理解，杨杰董事长循序渐进地解读道："我一直在思考，纵观人类发展的历史，能量和信息是驱动人类文明发展进步的两条主线。包括我们的语言，语言其实就是一个最重要的信息。我们现在已经进入信息文明的时代，'信息'在整个信息文明时代起的作用将会越来越大。随着人类文明的演进，从最初的语言、符号、文字，到工业时代的电报、电话，再到信息时代的数据和信息技术，信息的载体不断发展。文明演进的不同阶段，能量、信息以及两者融合创新对人类社会发展的驱动作用将呈现出不同特点。当前，信息深度融入能量转化和运用的全过程，引发'瓦特 ×比特'的融合聚变。在当下的信息文明时代，信息和能量作为驱动人类文明进步的两条主线，正由相对独立发展向彼此融合创新演变，所以我们就创造性地推演出了这个公式。这个公式是什么意思呢？我希望通过它来概括能量、信息与人类文明进步的关系。C 就是我们现在人类文明发展的程度。Σ 是求和，也表明了整个人类文明发展能量信息的积淀，代表文明的累积效应。E 就是能量，代表人类获取利用能量的水平。I 是信息，当然这个信息是广义的信息，包括信息技术，代表人类生成运用信息的水平。最关键的就是 $E \times I$，代表能量和信息的融合创新，加上函数 f，代表能量和信息融合创新的多样性与无限可能性。所以我们的下一个目标使命，就是如何让 f$(E \times I)$ 做得更好，让能量信息融合得更好，能够让我们的信息在人类文明发展进程中发挥越来越大的作用。"

我们看到，这十几年来，我国信息通信业高速发展。网络既成为驱动经济社会跨越式发展的新能量，同时也是人类获取、利用信息的重要方式。如果套用杨杰董事长的这一公式，这一阶段信息和能量两者高度融合（$E \times I$），极大地促进了我国信息文明的提升（Σ）。他始终认为，作为国民经济的战略性、基础性、先导性产业，信息通信业应善于从历史长河、时代大潮中分析趋势、把握规律。提出这个公式，也是提出了一个目标，就是要求解出这个 f 函数，让它的可能性无限大，让它的作用越来越大，能够为我们国家高质量发展做出更多贡献。

与上次在《红色财经·信物百年》节目录制中的交流不同，那次谈到中国通信行业的红色起点、发展脉络，分享中国移动一路走来的成长历程，回顾初心使命，致敬前辈开拓者，杨杰董事长的情绪更多的是饱含敬意和深情。在这次关于产业现在和未来的对话中，更能感受到他对趋势的敏锐前瞻判断，也能感受到他对中国移动开拓未来、造福人类的激情，正如他多次倡导的那样："让信息文明成果惠及各国人民！"

2023 年年底，杨杰董事长来到首届《中国 ESG 榜样盛典》的颁奖现场，为中国移动入选《中国 ESG 榜样盛典》颁发的"十大 ESG 榜样企业"捧起了奖杯。正如我们在颁奖词中所写的那样："在数据成为生产要素，算力成为基础能源，人工智能成为生产工具的时代，中国移动让数字鸿沟不再成为进步的屏障，让劳作的手掌流淌出美好的未来，为共同富裕、美好生活增添数智动力，加速中国式现代化的到来！"

在我的眼中，在科技飞速发展的洪流中，中国移动犹如一位永不停歇的奔跑者，在移动互联网时代的赛道上留下了一串坚实而耀眼的足迹。回溯往昔，中国移动从诞生之初便踏上了不断进取的征程。从最初简单的语音通话服务，到如今丰富多样的数字化综合解决方案，中国移动始终以敏锐的市场洞察力和强大的技术创新能力，适应着时代的变迁。如今的 5G 时代，中国移动更是如同装上了火箭推进器的超级奔跑者。凭借着前沿的技术创新，突破一个又一个难关，将更加智能、高效、便捷的通信服务传递到社会的每一个角落。

当下，算力革命成为推动中国移动加速奔跑的关键力量。随着数据量的爆炸式增长和智能化应用的普及，强大的算力需求应运而生。中国移动积极投入算力基础设施的建设，构建起高效、智能的算力网络，为千行百业提供强大的计算支持。无论是金融领域的高频交易，还是工业制造中的智能监控，抑或科研领域的海量数据分析，中国移动的算力服务都成为驱动创新和发展的核心引擎。一路走来，中国移动如同一位坚定的奔跑者，在技术创新的道路上勇往直前，在服务社会的使命中坚守担当。

我相信，在未来的道路上，这位不知疲倦的奔跑者，必将继续手握着创新的火炬，以变革的勇气为翼，以时代引领为目标，在通信技术的星辰大海中，永不停歇，不断创造新的辉煌。

世界钢铁的
"中国时代"

奔跑者
中国经济脊梁

第十章

10

河钢

　　第二天我们就近去看了河钢集团石钢新区，感受一下什么是"钢铁梦工厂"。石钢新区坐落在石家庄市井陉矿区，位于清凉山下，一进入石钢大门，就感受到扑面而来的绿意。整个厂区环境优美，草木葱茏。这个新区是按照 4A 级景区的标准打造的，综合绿化率达 51%。在新区里还有一处 2600 平方米的小花园，它还有一个很有创意的名字——"水上生花"。花园下方就是新区的蓄水池，井陉矿区的居民生活排水经新区深度净化处理后汇聚在这里，可基本满足生产需要。紧凑整洁的厂房、水立方形状的研发中心、整洁的倒班宿舍小楼，没有烟囱和转运车辆……这一切看起来完全不像一座钢厂。我想，如果是一个对钢厂还停留在过去印象中的来访者，来到这里的感受，应该和当年于勇第一次去新日铁参观的时候一样。

第一次与河钢集团有限公司（简称"河钢"）的于勇董事长有深入交流，不是在河北石家庄，而是在香港。那是2019年12月底，我们策划了一场以"全球经济中的中国创新"为主题的论坛节目。在节目的开始，我们给大家呈现了3个数字：28.1%——过去5年里，中国对世界经济增长的平均贡献率，排在全球第一；12.01%——中国承担的联合国会费的比例，位居全球第二；11.8%——中国进出口占世界进出口的比例，位居全球第一。这3个数字呈现出的是中国经济对世界的责任、贡献与担当。当中国经济在世界舞台上有了越来越亮眼成绩的时候，未来中国会继续给世界呈现哪些创新动力？我们设计了3个话题："创新的底气""创新进行时""创新的未来"，邀请企业家、学者进行交流探讨。于勇董事长就是这期节目的受邀嘉宾。

　　说实话，当时邀请于勇董事长录节目，还基于他的另一个身份：世界钢铁协会主席。这也缘于前面说到的我们当时策划这期节目的初衷：伴随着我国日益融入全球经济体系，作为世界第二大经济体的中国，在世界经济舞台上有了越来越重要的作用，中国企业经过了几十年的发展，从学习者、追随者，逐渐成长为行业的领军者，为全球行业的发展担负着一份责任。越来越多具有国际视野、熟悉国际规则的企业家和专家在国际竞争与合作中迅速成长，在全球颇具影响力的国际组织机构、行业协会里担任重要角色，甚至是"一把手"，这在过去是无法想象的。他们如何为世界经济发展贡献中国智慧，这是我们关注的话题。因此，在选择嘉宾的时候，我们希望邀请的就是在重量级国际机构和协会担任核心职务的人物。做了一番功课之后，我们发现了世界钢铁协会主席是中国企业家，再一看，是河钢董事长，说实话这有点出乎我们的意料。

正如于勇董事长所说，能够荣幸地当选世界钢协主席，背后有中国钢铁行业取得巨大进步的强力支撑。也正是这一期节目，开启了我对河钢的再认识。

于勇董事长曾经写过一本书，叫作《岁月的维度》。1987年大学毕业后，他就进入唐山钢铁集团公司（简称"唐钢"）工作，一直没有离开过钢铁行业。用他自己的话说："整个人的大部分精力和大半生都投入了钢铁事业当中。"在这本书里，我读到了来自这位"钢铁直男"的激情和感性，也感受到了他对钢铁行业的深情和热爱。他对我说，钢铁给他三十几年的职业生涯带来了太多难忘的经历，也塑造了他整个人。除了他不曾改变的钢铁报国的信念，钢铁也给予了他钢铁一样的性格，坚韧不拔，不畏困难和艰险。

在书里他这样写道："和一代又一代的中国钢铁人一样，钢铁对我们的感召、鼓舞、激励和回馈，我们对钢铁的向往、依恋、倾注和热望，都是真挚而浓烈、深厚而赤诚的。钢铁与我们钢铁人，我们钢铁人与钢铁，彼此眷顾、彼此垂爱、彼此陪伴、彼此成就，以一往无前的勇气和百炼成钢的坚毅，携手走到了世界舞台的中央。从事钢铁工作 30 多年，犹如钢铁已经融入整个世界一样，我的事业、我的追求也早已同钢铁融为一体，从未分割。与钢铁相伴的每一天，我都在不停思考、不停探寻，钢铁给我们带来了什么？我们能赋予钢铁怎样的力量？未来的钢铁将走向何方？"

我想，这样的思考和叩问是融入他的血液里、始终伴随着他的使命，也是他带给我们的启发与答案。

⊃ 世界钢铁协会主席的"C 位"出道照片

我们的故事起点，就先从邀请"世界钢铁协会主席"于勇参加我们这期节目开始说起。

先来看看世界钢铁协会是一个什么分量的组织。世界钢铁协会于 1967 年 7 月 10 日成立，是一家非营利的行业组织，总部设在比利时布鲁塞尔，2006 年 4 月在北京设立代表处。它是世界上规模最大、活跃度最高的行业协会之一，会员遍布世界各主要产钢国，覆盖钢铁生产企业、国家和地区的钢铁行业协会及钢铁研究机构，会员国家的粗钢产量占全球粗钢总产量的 85% 左右。从行业协会组织的角度来讲，它也是相当有分量的，不仅在全球钢铁行业事务中发挥核心作用，也在事关全球钢铁行业发展的主要战略性问题上具有很大的话语权，尤其是在经济、环境和社会可持续发展方面，与联合国经济及社会理事会下属的经济合作与发展组织的商业和行业咨询委员会具有合作关系，是联合国气候变化框架公约的认可观察员。每年在世界经济合作与发展组织论坛等世界级的会议上，都会有世界钢铁协会的声音和建议。

上一次由中国企业家担任世界钢铁协会主席这一职务，还是近 20 年前的事。这个主席是如何产生的呢？世界钢铁协会有一个由 14 个成员单位构成的执委会，执委会成员由业内公认的钢铁业巨头组成，如美国钢铁公司、奥钢联集团公司、纽柯钢铁公司、浦项制铁公司、新日本制铁公司（简称"新日铁"），以及安赛乐米塔尔集团等世界级的企业，这些企业的董事长或者首席执行官作为执委会成员进行投票选举，最终推举出主席。这十几位钢铁界巨头对主席的要求非常苛刻，而且根据规则，主席的产生必须要全票通过才能生效。如果有其中任何一位执委会成员，别说是投反对票，就算是投弃权票，不表态，这个主席也是当不成的。

而河钢的董事长居然能够当选这么重要的职务，让世界钢铁业的巨头们心服口服地全票通过，实在让我有点出乎意料。之前有人戏说"世界钢铁中国第一、河北第二、唐山第三"，河钢是将河北省属钢铁企业进行整合重组而成的，在中国宝武钢铁集团没有大规模重组之前，河钢应该是中国最大的钢铁企业。虽然河钢的规模很大，但我总觉得这是一家地方性企业，不知它什么时候居然成了全球钢铁行业组织的"一把手"。而且此前河钢又非常低调，没有特意进行宣传，要不是我有意挖掘，还真不知道这背后的故事，一番了解之下，我对河钢不禁刮目相看。

第 41 届世界钢铁大会合影

2019 年 10 月 15 日，于勇董事长在墨西哥蒙特雷举行的第 41 届世界钢铁大会上被推举担任主席一职。有一张世界钢铁协会委员的合影让我印象深刻，照片中一共 13 人，妥妥站在中心 C 位的是于勇董事长，照片中的他笑得很爽朗，站在他两侧都有谁呢？是在各个国家都"富可敌国"的钢铁企业大亨：时任韩国浦项制铁公司首席执行官，时任印度塔塔钢铁首席执行官，时任日本新日铁首席执行官，时任安赛乐米塔尔钢铁公司首席执行官，等等。

我问于勇董事长："照片当中的每一位国际友人都是厉害角色，可以说他们都代表着不同国家钢铁产业当中的巨人形象，跟他们站在一起，还是站在中间的 C 位，你当时是什么心情？"他坦言："其实心情还是很复杂的，也很激动。此前在还没有担任河钢高管层职务的时候，听到他们的名字，或在报道中看到他们，觉得他们是高不可攀的人物，因为那个时候中国钢铁行业的发展和国外还存在差距。但在今天，我们能够走近他们、接近他们，进而得到他们的认可，成为他们公认推选出来的主席单位，这不是一个偶然、孤立的事件，这是中国强大综合国力的象征，也是世界同行对中国钢铁工业发展的高度认可。我们可以自豪地讲，目前世界钢铁工业发展已经进入'中国时代'，钢铁产业本轮的引领正由中国担当，这让我们站在那儿很自信，让我们能够抬头挺胸站在 C 位。"

我问于勇董事长："为什么这样讲？这样讲的底气是什么？"他说："2018 年，我国的钢铁总产量已经占了全球的一半。世界上有两个国家在两个时间点，曾达到过产能接近全球一半，一个是第二次世界大战时期的美国，产能是每年8000万吨，那时全世界的钢铁总产能是每年 1.5 亿吨左右。再有一个国家就是中国，2018 年世界钢铁的总产量是 18 亿吨，中国占了 9 亿吨。如果从这个角度来看，纵观 160 多年世界钢铁工业的发展历程，全球格局不断调整，生产和消费重心几经转移，依次从英国、美国到苏联、日本，现在进入了'中国时代'。历经改革开放 40 多年的快速发展，中国钢铁工业拥有了世界上最好的装备、工艺和技术，拥有了世界上最庞大、最专业的产业工人和全新的绿色制造理念，中国钢产量从 1996 开始，连续 23 年保持世界第一，钢铁产量和消费量占据全球半壁江山，不仅有力地支持了中国的改革开放和经济的飞速发展，也为世界钢铁行业提供了巨大的市场和合作平台，带动了全球钢铁及相关产业的大发展。中国钢铁工业的发展已成为本轮世界钢铁工业发展的主要推动力，也得到了世界同行的认可。"

"因此，"于勇董事长继续说道，"当选世界钢铁协会主席，能够被各国企业一致认可，就意味着实力够硬，这个实力背后的底气是行业的高度、国家的力量。这张照片是见证和激励，也是责任与使命。作为世界钢铁协会主席单位，河钢不仅代表自己，也代表中国钢铁行业，要在世界钢铁工业的发展中彰显出与社会地位相符的担当。"

我问他："您在上任之后，做的第一件事是什么？"于勇董事长说："当选世界钢铁协会主席之后，其实我在第一时间思考的是，中国钢铁产业走到了世界舞台的中央，仅靠'大'是不够的。纵观钢铁工业的发展，无论是在19世纪初中叶，英国作为钢铁产业领导国家，还是后来的美国、日本、德国，历史上这些传统的工业国给钢铁行业都留下了很珍贵的财富，包括工艺的创新、技术的变革。那么这次轮到中国了，轮到中国企业了，我们能够给世界留下什么？除了有体量，我们还应该有技术含量。在会上，作为新任主席有个发言，我发自内心地讲了一句话：'在任期内，我将立足和广大会员一起，把世界钢铁行业带到一个新的高度。'个人认为，未来中国钢铁的腰杆能不能硬起来，能不能为世界钢铁工业的发展做出新贡献，能不能成为引领世界钢铁行业发展的'世界第一'，最终取决于创新能力。所以我回国后的第一件事就是到中国钢铁工业协会传递了这样的信息，也与中国钢协成员们达成高度的共识，就是中国钢铁工业下一步要提高质量，要为世界钢铁工业发展历史上留下中国的印记。我们需要深刻思考资源–能源约束、环境–生态约束等带来的挑战，通过高质量发展，解决更为高远的迈向绿色化、智能化等深层次命题。集中力量攻克关键共性技术难题，开发更高强度、更好性能、更长寿命的高效绿色钢材产品，充分体现出钢铁产业的绿色低碳价值。"

于勇董事长在回到河钢集团后召开的第一个董事会上，

就宣布下一个目标，河钢要率先在中国钢铁企业中，推广氢能冶炼工艺，探索出一条世界钢铁工业发展低碳，甚至"零碳"经济的最佳途径，从改变能源消耗结构入手，彻底解决钢铁冶金过程中产生的环境污染和碳排放问题，从而引领传统钢铁冶金工艺变革。他说，这既是代表世界钢铁工业的未来发展方向，同时也是向关注中国钢铁工业的世界同行表明一个态度，中国钢铁业不仅在规模上发展，也要在质量上提升，更重要的是我们将会在能源结构上，在实现绿色钢铁上，引领世界，引领全球。

在和于勇董事长交谈的过程中，我发现，他喜欢称自己为"我们钢铁人"，用他自己的话说，从炉火熊熊的炼铁平台一路走来，作为从业者，他亲身经历着、推动着中国钢铁工业由小到大、由弱到强的成长，他始终都觉得自己是幸运的。他说过一句让我很感动的话，他说："钢铁就是我个人的梦想。"我问他"对钢铁这份情感的起点和出发点在哪里？"他说是源于新中国成立初期，钢铁行业是在积贫积弱的基础上走过来的，这份钢铁人的"痛"，成为激励他的起点。他曾经看到建国初期，第一代钢铁产业工人为钢铁提供原料，也就是采矿时用的工具，他在那一刻感受到的是敬佩，是震撼，更是一份沉甸甸的激励。

➲ 从"大铁锤"到打造钢铁"梦工厂"

"初心不变，信物百年。我是今天的信物讲述人。今天我代表钢铁产能全球第三的河钢集团，为大家带来这份信物。

"这是 20 世纪 50 年代常见的采矿工具，八角大铁锤。这把铁锤重达 6.6 千克，它的主人是共和国第一代劳模，马万水。

"马万水生前所在的龙烟铁矿，就是我们河钢集团宣钢公司的前身，至今已有 102 年的历史。

"新中国成立初期，在积贫积弱的情况下，马万水和工友们就是靠着这种铁锤，连续十多次创造了钢铁矿山掘进速度的全国纪录，为缺铁少钢的新中国挖掘了大量的'工业粮食'。

"他们缔造的'站在排头不让，把住红旗不放'的马万水精神，至今仍激励着全体河钢人。"

八角大铁锤信物照片

2021 年，在《红色财经·信物百年》的录制现场，于勇董事长带来了这件信物，给他带来深深震撼的、早年钢铁工人的采矿工具。说实话，如果不是知道这件工具背后的故事，不了解它对中国钢铁行业的意义，就无法理解像于勇董事长这样的"钢铁人"对它的情感，因为它看上去其实就是平平无奇的一把铁锤。这把大锤的主人马万水，是新中国第一批全国劳动模范，也是河钢子公司宣钢的前身龙烟铁矿的工人。马万水于 1949 年进入企业，当时他在采矿中使用的工具，就是这把重达 13 多斤的大铁锤。马万水当时 26 岁，可以做到抡起大锤 450 次不换人。他们用这种铁锤开凿矿石，用铁耙、铁簸箕把矿渣装车，用绞车把铁矿运出井。在矿山下每前进 1 米，都需要矿工们付出巨大的努力。当时他担任组长的掘进五组，首次创造了手工挖掘矿山月进 23.7 米的全国纪录。那一代钢铁人就是凭借着手中这样简单的工具，为中国钢铁工业的发展奠定了基础。

那是一个生产力低下的年代，也是一个百业待举的年代。正如于勇董事长所说，今天的我们可能很难想象马万水他们当时面对的艰辛和挑战。马万水当时一个月的工作量，对现在的钢铁行业来讲，可能也就是一小时或者更短时间的工作量。但是这把铁锤承载着河钢发展的历史，也凝聚着钢铁人的精神。半个多世纪过去了，这把铁锤早已被先进的现代化设备替代。它从矿山上"退役"后，被珍藏在河钢集团的马万水纪念馆，成为一代代河钢人心中的精神标杆。

于勇董事长说，从新中国成立初期开始，国家非常重视钢铁工业，钢铁行业也在支撑着中国的工业体系和经济体系的建立。那个年代的钢铁工人是受很多人敬佩的群体，他笑称自己是在 1987 年"入场"的，那时作为大学生进入钢铁企业，这是令很多人都羡慕的一份职业。一来是在社会上受尊重，二来钢铁工人收入比较多。另外，他对我说："实事求是地跟您讲，进入钢铁厂的这些员工们，特别是小伙子们，谈恋爱选择余地都比较大，在当时绝对是一批受追捧的对象。那时对钢铁工人来说，身处这样一个备受瞩目的行业里，自然会油然而生出一份荣誉感和责任感。"

但是后来的一次经历，给于勇董事长带来了前所未有的冲击。1994 年，他被派到日本进行培训，有机会参观了几个当地企业，其中就有钢铁企业新日铁在东京的工厂。在那个年代，新日铁可以说代表着世界钢铁的最高水平。于勇董事长到现在还能够回忆起来，当他第一次进入新日铁厂区，看到钢铁生产线的时候所感受到的强烈震撼。他从来没想过钢铁行业可以做到这个程度，从未想过钢铁企业可以有那样一个干净整洁的厂区。他说："你知道吗？新日铁的整条生产线在我的眼中，真的就像在生产艺术品一样。包括它的热轧卷板，在我眼前就像一幅画卷一样，我觉得就像是在看动画片，看电影一样。"这样的现代化工厂生产场景，是于勇董事长他们这样的钢铁从业者以前从来没有看到过的，甚至是想都想象不到的。

于勇董事长说："我除了羡慕和震撼，真的也下了决心，我想以后中国的钢铁企业也要这样。"此前于勇董事长在大学学习的专业是计算机自动化，从日本回来之后，他毅然决然地又重新选择炼铁和炼钢的主专业，之后完成了钢铁冶金的硕士学位和博士学位的学习。他说："那个时候可以说，我的梦想很直接，就是希望我们中国的钢铁工业有朝一日能够达到新日铁的水平，或者超越新日铁的水平。"

1996 年，我国实现了钢产量突破 1 亿吨，让中国成为世界钢铁的第一大生产国，这意味着一个全新的开始。这也是作为钢铁人的于勇董事长，感到欣慰和自豪的事情。他说："从英国、美国、俄罗斯、日本相继成为世界第一产钢大国的演进轨迹中可以看出，在很多发达经济体腾飞的过程中，都伴随着钢铁工业的巨大发展。纵观世界钢铁工业的发展，应该说从工业革命开始，英国横跨世界钢铁老大的时间是三十几年，那段时间就是依靠钢铁的快速发展，支撑了英国变成世界第一号强国。1890 年世界钢铁的第一大生产国变成了美国，一直到 1972 年，美国在 80 年的时间横跨世界钢铁老大。恰恰是在这段时间，美国的经济实现了腾飞。从 1972 年开始，苏联代替了美国，成为世界钢铁老大。到了 1993 年，日本成为钢铁的第一强国。1996 年，我们中国成为世界钢铁第一大生产国。从 1996 年开始，我国经济实现了更快、更强的发展，钢铁行业也取得了令人瞩目的发展速度，随后仅仅用了 10 年的时间，2006 年我们就已经成为钢铁净出口国。"

他继续说道："2006 年对中国钢铁工业来讲是一个标志性的年份，它标志着我们整个钢铁工业供需关系在发生根本性的转变。1978 年，我们国家三分之一的外汇储备用于进口钢材，钢材一直在社会当中是供不应求的，所以当时还有一种现象，就是很多钢铁老总或者领导批条子，客户要排着队去提钢材。因此，那个时候有人把钢铁行业的从业者称为'钢老大'，戏称什么都是'钢老大'说了算。其实原因就在于，当时是短缺经济，经济发展建设要使用大量的钢材，但是我们的生产能力没有实现这种有效的供给。对于那时的钢铁生产企业来讲，关注的就是产量和效率，如何多出钢，创造更高的钢产量。我们必须要理性地看待，那段时间钢铁企业的产品、管理、技术质量体系是粗放的，产品技术含量水平是低下的。反过来讲，我们的下游客户可以说没有选择，能买到钢材就可以了。至于花多少钱买的，买来的钢材质量如何，他们也没有办法提更多的要求。但是随着我国经济发展结构的调整，市场需求不再是单一的建筑用钢，而是快速增长的制造业用钢等多种钢材，中国钢铁工业也在由追求产量、追求效率，向追求质量、追求多元供给转变。国家进入了高质量发展的周期，中国钢铁工业也需要自身调整，进行产品结构升级。"此时的于勇董事长，也在心中升级了自己的钢铁梦想。

我问他："在 30 多年前，作为一名大学毕业生怀揣着对自己未来职业发展的向往，踏进了钢铁这个行业，经过了这么多年的锤炼，你再看钢铁行业，心境有什么变化？"他回答说："30 多年后的今天，再看钢铁行业，我想一切都在发生变化。我认为现在钢铁行业越来越像一个高科技行业，这也是我的内心憧憬。设想一下未来的钢铁工业，在我心目当中应该是这样的：它汇聚了世界最先进的技术力量和最丰富的创新元素，加速向绿色、智慧、全球化迈进，成为支撑和推动未来社会可持续发展的必要一环。中国钢铁工业也将在这些领域中为世界钢铁发展贡献力量、烙上中国印记。我相信未来钢铁行业依然会是受社会尊重的行业，我们从事钢铁行业的这个人群依然是受社会尊重的人群，依然是我们国家不可或缺的一股坚强力量，是支撑我们共和国强大的脊梁和身躯。同时我也代表中国的钢铁人作出这样的承诺，中国钢铁人是一支坚不可摧的力量，他们面向未来，不会忘记我们走过来的艰辛，我们会把中国的钢铁工业推向更高的高度。让中国因为钢铁更强大，让世界因为钢铁更美好——这是我心目当中中国钢铁人应该永远追求并始终发展的事业。"

近几年，面对转型升级这个新的时代命题，河钢还完成了一个大动作，就是将旗下 4 个企业唐钢、邯钢、张宣、石钢完成从退城搬迁到区位调整、绿色转型的蜕变。搬迁改造，是产业的必答题、企业的必答题，是可持续发展的必由之路。但在一段时间里，对企业来说，又需要拿出壮士断腕的勇气，也要有合理的规划，这考验着企业决策者的智慧。于勇董事长对此与我们做过深入交流，他说："这个变化既是挑战，更是机遇。如果我们继续抱着传统的思维定式和经营模式不放，就会难以生存下去，要善于运用大势改变自己。旧的发展模式走到尽头的时候，并不是说钢铁产业到了没有希望的时候，而是到了旧的发展道路必须'拐弯'的时候。这个阶段，才是钢铁企业真正提升和体现自身竞争力的时期。"于勇董事长说，他们有信心，要把压力变成动力，把挑战变成发展的机遇。我看到的是，河钢在此期间，不仅实现了绿色转型，还打造了完整的 ESG 治理体系，而这又恰恰反哺了河钢打造世界一流企业，迈向国际化的进程。

我还记得于勇董事长跟我讲到了一个小故事，那是在 2023 年年底，他作为 ESG 理念优秀实践企业的代表，在我们的活动中进行了主旨演讲。当天恰逢河钢的合作伙伴——西门子全球总裁来中国与于勇董事长见面洽谈，会谈期间，于勇董事长讲到参加我们的 ESG 活动，以及对于 ESG 的心得体会，对方听后大为赞赏，就此话题又额外谈论了很久。如果单论 ESG 中的"E"，这几年河钢全面实施绿色制造、绿色产业、绿色产品、绿色采购、绿色物流和绿色矿山，打造出了"六位一体"的绿色发展总体布局。我经常说 ESG 可持续发展理念是"一把手"工程，需要董事长一把手对此有深刻的认识，亲自抓，同时还要把 ESG 理念深入融入企业的战略决策、经营管理和制度设计中，才能真正自上而下将其融入企业中每一个人的认识上、行动中。在这一点上，于勇董事长身体力行，亲自推动，他也很谦虚地多次跟我说，我们大力推动 ESG 建设，也给他带来了很多思考和启发。2024 年，他向我发出邀请，请我去河北企业总部里做调研，再到区位调整升级之后的石钢新区看看，那里有贯彻落实 ESG 理念的"成果"。他还透露给我一个消息：前段时间德国专家来石钢参观，看了以后为之惊叹、赞赏，称为"钢铁梦工厂"。

抵达河北石家庄河钢总部之后，我们先参观了河钢的展厅。于勇董事长亲自讲解，重点给我们介绍了近几年建设的四大新基地：唐钢新区——绿色化、智能化、品牌化的新一代流程钢厂；邯钢新区——全流程、紧凑型、智能化的现代化钢铁基地；张宣科技——中国首个钢铁工业绿色转型示范区；石钢新区——国内首家全废钢电炉短流程绿色低碳特钢企业。以邯钢新区在 2024 年 6 月 6 日全线投产为标志，河钢圆满完成旗下"四个新区"的调整、绿色转型，成为中国乃至世界钢铁工业几十年发展成果和先进要素的集大成者。

第二天我们就近去看了石钢，感受一下什么是"钢铁梦工厂"。石钢新区坐落于石家庄市井陉矿区，位于清凉山下。

一进入石钢大门，就感受到扑面而来的绿意，整个厂区环境优美，草木葱茏。这个新区是按照 4A 级景区的标准打造的，综合绿化率达 51%。在新区里有一处 2600 平方米的小花园，它还有一个很有创意的名字——"水上生花"。花园下方就是新区的蓄水池，井陉矿区居民生活排水经新区深度净化处理后汇聚到这里，可基本满足生产需要。紧凑整洁的厂房、水立方形状的研发中心、漂亮的倒班宿舍小楼，没有烟囱和转运车辆……这一切看起来完全不像一座钢厂。我想，对于一个对钢厂还停留在过去印象的来访者，来到这里的感受，应该和当年于勇董事长第一次去新日铁参观的时候一样。

工厂配备了世界顶级装备，实现高度智能化生产，使 100余项产品实现了国产化替代，多个拳头产品成为特钢棒材诸多细分市场应用领域中的"单项冠军"。作业产线上，工厂有

石家庄井陉矿区石钢新区厂区

近 40 台不同类型的机器人，实现全流程流水线作业，整套流程行云流水、一气呵成。同时，工厂生产全部利用城市中水，实现净零排放。

石钢新区投产后，不仅成为河钢集团全新特钢板块的代表，而且在行业特钢领域打造出响亮的品牌。钢铁生产可分为以铁矿石为原料的"高炉–转炉"长流程和以废钢为主要原料的电炉短流程两类。相比长流程，短流程具有先天优势，不仅动力能源为电和天然气等绿色清洁能源，而且主要原料为废钢，省去了焦化、烧结、高炉等传统长流程中高污染物排放的工序。石钢新区启动建设时，完全摒弃了老厂区的长流程，选择了短流程工艺技术，新区比老区碳排放量同口径降低 75% 以上，是国内首家全废钢电炉短流程绿色低碳特钢企业。在这里，可以说绿色贯穿了整个工艺流程之中，成为河钢石钢新区最浓重的底色。

参观完"钢铁梦工厂"之余，我也跟于勇董事长说，今后有时间一定要去看看其他 3 个基地，特别是张宣科技，它被称为中国首个钢铁工业绿色转型示范区。据介绍，那里打造了全球首例 120 万吨氢冶金示范工程，实现氢冶金核心关键技术创新的重大突破。与同等生产规模的传统流程工艺相比，氢冶金一期工程的二氧化碳减排比例达到 70%，每年减少碳排放 80 万吨，相当于塞罕坝林场一年的固碳量；吨钢氮氧化物、烟粉尘排放分别减少 70% 和 80% 以上，是传统"碳冶金"向新型"氢冶金"转变的重要里程碑,引领了行业迈入"以氢代煤"冶炼"绿钢"的时代。

⮌ 钢铁应该是什么颜色

和于勇董事长的交流给我留下一个感受,那就是每次见面,他都会带来新的思考,甚至是新的惊喜。在参观完石钢新区后再次见面的时候,他给我带来了一份小礼物——一幅图案细腻雅致、色彩丰富的小画。这幅画虽然乍看上去没什么特别,但以我对于勇董事长的了解,这背后一定有什么门道,不能轻易等闲视之。这幅画拿到手里,第一感觉要比普通的画作有分量,再仔细一看,画面质感很特别,色彩还原度高,笔触清晰不说,看上去还层次分明、非常立体。在于勇董事长的鼓励下,我用手指轻轻触摸了一下,凹凸感非常明显。这难道是他又多了一项兴趣爱好,还是开发了什么新的工艺?于勇董事长为我揭秘——这是一幅地地道道的"钢画",是被称为数码视觉彩板的涂镀钢板。这种钢板是通过行业领先的特殊技术,将 3D 数字技术与涂镀技术进行跨界融合,是制作高端家电的外观原材料,现在已经实现批量生产,售价是普通产品的两倍以上,是河钢新研发出来的高附加值、高"颜值"材料。今天于勇董事长拿过来,就是让我尝尝鲜、开开眼。

河钢研制生产的"钢画"

　　我一直有一种感觉，作为一名见证、参与中国钢铁行业发展的资深钢铁人，于勇董事长一路走来经历了我国钢铁行业从薄弱到跃升的过程，现在的他一直想为中国的钢铁行业注入新的生命力，注入温度和现代感，打造新的形象，扭转、升级钢铁行业曾经作为"傻大黑粗"的传统行业印象，打破行业的边界，改变钢铁"躲在"我们生活背后，容易被忽略，有冰冷感和距离感的特点。他常说"钢铁让生活更美好"，他不仅把这句话当作一句口号，还要让我们这些美好生活的被服务者、体验者，真真切切地感受到这句话蕴含的真实意义。因此，河钢让钢铁以超乎想象的形态走进人们的生活，变身成为印着艺术画的家电；成为形似大理石、木纹材质的家具，有着 3D 立体花纹，能通电加热；还能变身成为明亮耐用的镜子，创造出各种与钢铁材质不相联系的"跨界"触感，在于勇董事长眼中，钢铁颇有点"无所不能"的味道。

我读出了于勇董事长送给我这幅特殊钢画的用意，它背后是他对钢铁行业认知和理念的改变。我经常听他对身边的人说："想要做成任何一件事情，限制我们能力发挥的最大障碍就是认知。"在他看来，当前我们正处于全球钢铁产业深度调整期、我国经济增长速度的换挡期和经济社会的转型期，这样的外部环境变化给钢铁企业带来了新的挑战。挑战不是障碍发展的理由，而是难得的历史机遇。

近几年他总在说："要像卖家电一样卖钢材，实现钢铁向材料、制造向服务的转变。"这句话是他对钢铁行业发展的判断，他认为当一个传统行业已经成为一个完全市场化的行业时，要继续保持企业的竞争优势，就不能让理念还停留在过去。钢铁行业已经开始进入完全竞争阶段，而家电行业是比钢铁更早进入完全竞争的行业，完全可以借鉴家电行业的市场理念。"跨界对标能够突破原有的行业边界，能更好地打开视野。"

同时，他认为，钢铁企业在客户关系上的理念也要变一变。未来的行业竞争，不仅体现在产品本身，更体现在渠道的建立、客户的选择和牢固的信任关系。客户高度决定了产品高度，产品高度决定了企业高度，谁拥有了渠道、客户，谁就有了生存之本。

长期以来，河钢与海尔建立了稳定的战略合作关系。最初，双方共建联合实验室，河钢前移研发服务，为海尔量身打造专用产品；2015年，河钢控股海尔特钢70%的股权，双方共同运营彩钢板业务，形成独立的家电业务板块，此举更让河钢全面进入海尔供应渠道，并享有同等条件下产品的优先供应权。河钢集团将钢铁产业链镶嵌到家电产业链上，首开我国钢铁与家电产业链股权合作的先河，短时间内实现了海尔用板品种全覆盖，构建领先一步的渠道优势。河钢控股海尔特钢绝不是规模的盲目扩张，而是要延伸产业链条，介入高端装备制造业，最终实现渠道营销。

在理念转变的推动下，在技术加持和创新赋能下，河钢的客户结构不断向产业前端、市场头部聚集，客户群覆盖高端家电、乘用车、重卡、工程机械及海洋工程等行业知名品牌。10年前的河钢只有5万吨汽车钢、5万吨家电钢，现在有600万吨汽车钢、500万吨家电钢，许多头部企业都是他们的长期客户，河钢由此成为中国第一大家电用钢、第二大汽车用钢供应商，以及海洋工程、建筑桥梁用钢的领军企业。

小小的一张彩色钢铁画，竟能说出这么多门道来，确实令人佩服。在我看来，河钢将原本黑色的钢铁赋予了丰富的色彩，在众多色彩当中，有一种颜色颇为突出，那就是绿色，绿色也成为他们未来发展的底色。

➲ 河钢塞钢：一张"一带一路"上的闪亮名片

事实上，对于河钢来说，我想去看的地方除了前面提到的 3 个基地，还有远在塞尔维亚的河钢集团塞尔维亚钢铁公司（简称"河钢塞钢"）。一来是因为河钢塞钢是"一带一路"上闪闪发光的一张金色名片，二来是因为河钢已经把 ESG 理念和优秀实践带到了塞钢，还要首发一份海外履责 ESG 报告。应该说，发布这样一份报告，对于塞尔维亚当地的企业也是第一次。我能够感受到，于勇董事长每次提到河钢塞钢，都充满感情，可以说每一个河钢人，提到塞钢的时候都满是自豪和骄傲之情。

在这里还要提到一个小故事，我就从两件特殊的礼物说起。2024 年 5 月 8 日，习近平总书记与塞尔维亚总统武契奇在贝尔格莱德举行会谈。会谈后，习近平总书记送给武契奇总统两件"特别礼物"——北京天坛和贝尔格莱德圣萨瓦教堂造型的钢制工艺品。之所以说它们特别，是因为制作它们所用的钢材是由河钢塞钢生产的。

时间回到 2016 年，在距中国万里之遥的多瑙河畔，有一座命运多舛的百年老钢厂。这家以斯梅代雷沃城市命名的钢厂始建于 1913 年，是塞尔维亚唯一一家国有大型支柱性钢铁企业，曾被誉为"塞尔维亚的骄傲"。在经历了破产、出售、政府 1 美元回购、国外企业代管、美钢联撤资等种种坎坷经历后，钢厂处于半停产状态，长期亏损，濒临倒闭。

2016 年 4 月，河钢集团响应"一带一路"倡议，全资收购斯梅代雷沃钢厂，成立河钢塞钢，使之成为中国首个海外收购的全流程钢铁企业。收购仅半年后，钢厂就结束了连续 7 年亏损的历史。2018 年，河钢塞钢产钢 176.9 万吨，实现销售收入 10.62 亿美元，首次成为塞尔维亚第一大出口企业，并成为带动塞尔维亚出口的重要动力。

事实上，当初这项收购还引发出很多不同的声音。于勇董事长回忆说，当时有的合作伙伴认为，美钢联不要的企业，我们为什么要？欧洲很多企业都没有接盘，河钢有什么资格要？在收购之前考察的时候，最早赶赴斯梅代雷沃钢厂的管理人员之一，后来的河钢塞钢执行董事宋嗣海说，第一次到工厂的时候，大家都感到很意外，一个是对这个厂的现状感到非常惊讶，另外他们还感到有点儿忧伤，因为所到之处都是杂乱无章的，特别是进到车间以后，看到现场是 20 世纪七八十年代的设备，员工在现场的操作全部是手工完成。当地工人的状态也非常不好，用宋嗣海的话说，不叫半停产状态，应该叫多半停产状态。工厂经常开不起工资，员工人心惶惶。

于勇董事长说，他一直相信风险和机遇是并存的，商场上不存在一点风险都没有的好事在那儿等着你。他在河钢决策层的会议上说："如果我们满足现状的话，河钢就是一个河北的区域性和地方性的企业，达不到现在的高度。从走出去开始，如果没有这个胆识，不尝试你就不会成功。就像最早有人质疑赛钢，说没有企业愿意并购它，可是其他企业要并购的话，河钢可能也争不过了。我不认为大家都不做的事儿就没有成功的可能，我也不认为大家都争的事儿就一定是好事，我想做企业，本身也是个辩证法。"

从 2016 年 1 月开始，河钢先后派出十几个工作小组，总计 200 多人，对斯梅代雷沃钢厂进行从财务经营、设备管理、质量控制的全面考察。经过考察，宋嗣海他们看到，在冷轧现场，虽然现场是破破烂烂的，满地是油，但是它的产品最薄的部位是 0.14 毫米，当时在我们国内很多最先进的设备上生产出来的产品，其实无非也就是这个水平。

于勇董事长当时对所有的管理团队提出一个目标——"风险大起底，措施总覆盖"，就是指面对这些风险点，河钢一定要有对冲手段。后来在下决心收购之前，河钢做到了把所有风险点都有措施、能覆盖。在河钢的强力激活下，河钢塞钢由原来巴尔干半岛的区域性企业变成了市场遍及欧美的世界性钢铁企业，实现了稳健、飞速发展。运营 8 年来，河钢塞钢累计营业收入超过 60 亿欧元，连续 4 年蝉联塞尔维亚第一大出口企业，成为高质量共建"一带一路"的标志性工程，也造福了当地人民。

就拿就业一项来讲，因河钢塞钢而获得就业机会的人，不仅是工作在厂区里的 5000 多名员工，还有钢厂的众多承包商和供应商的雇用人员。通过延伸产业链条，河钢塞钢每年为当地提供 200 个新就业岗位，稳定保障钢厂供货商间接提供了 16 000 多个就业岗位。粗算城市中有 2 万多人在围绕钢厂工作，也就是说，在斯梅代雷沃这座拥有 10 万余人的城市中，平均每 5 个人中就有 1 个人的工作直接或间接与河钢塞钢有关。因为河钢的到来，一个有着 5000 多名员工的百年钢厂重生了，一座古城也更有活力了。

同时，河钢塞钢实施绿色高效生产工艺改造项目和 100 多项技改项目，加快推动数字化钢铁工厂、智慧能源管控、ESG 体系等项目建设，把河钢塞钢打造成欧洲领先、极具竞争力的绿色、低碳、智能的钢铁企业。

2024 年 4 月 16 日，河钢（塞尔维亚）全球绿色智能供应链合作大会在贝尔格莱德召开，河钢以更加开放的姿态，与全球合作伙伴共同探讨钢铁未来发展之路。河钢从推进产品升级向推进产业升级迈进，让既创造经济价值又创造战略价值的河钢实践，为推动全球产业更加绿色、更加低碳、更加智能不断贡献新的智慧和力量。

于勇董事长常说，将一生托付给钢铁事业，是一种值得，一种骄傲，更是一种荣耀。我想，在这篇文章的最后，我就用于勇董事长的著作《岁月的维度》一书中的一段话作总结："河钢要为中国发展留下'河钢印记'，为世界发展留下'中

国印记'，身处'世界第二大经济体''世界最大钢铁生产
国'，河钢的目标绝不仅仅是利润，更是必须树立与中国在世
界范围内打造经济强国地位相符合的远大志向！"

后记

　　2024 年 10 月 29 日上午，我干了一件大事。我从北京大兴机场出发，2 小时飞到四川巴中，再乘车走了 1 小时盘山路，抵达了南江华润希望小镇。之所以说这是一件大事，是因为我在深入了解了希望小镇模式、听了那么多动人的故事、现场看到希望小镇帮扶的孩子们灿烂的笑容之后，又在华润董事长和各位同事一再发出盛情邀请之下，却始终未能成行，一直深感遗憾。没想到在本书即将付梓之际，我终于得偿心愿，成行了。正值南江色彩最丰富、最赏心悦目的季节，身处山中，满眼都是层林尽染的生动诠释。夕阳西下，圆圆的橙色太阳挂在远处起伏的山峰上，映照在清澈的湖水中，近处的一棵伞状小树遥相呼应，被晕染勾勒出了轮廓，真是美极了。

　　南江希望小镇位于南江县长赤镇龙泉村玉堂水库东岸的自然村落"石笋坪"。小镇依山傍水、风景秀丽，具有典型的西南山地乡村特点：山势起伏，梯田散布，临水而居，虽具有良好的山水格局，但也存在基础设施严重匮乏、产业结构单一的问题。华润集团副总经理蓝屹告诉我们，几年前他来选址的时候，这里的交通非常不便，他是坐着船进来的。现在已经通了公路，便利了不少。

南江希望小镇是华润集团在全国捐建的第 12 座希望小镇。华润希望小镇的到来，给村民们带来了不少改变。一路走来，我们看到了华润在这里新建和改造的一栋栋民居，以及龙泉书院、张氏祠堂、米兰花酒店、希望茶庄、农耕文化艺术馆和民宿等公建设施。小镇还成为全市首个全村通管道燃气的村庄，村民们也都用上了干净、安全的清洁能源。产业方面，小镇结合当地自然资源禀赋，形成第一产业强基础、第二产业做纽带、第三产业促发展的帮扶模式，有效带动村集体经济创收，实现了村民收入的持续增长。

"玉湖之源润故旧，古村龙泉望稻茶"，这是华润人对南江希望小镇的创想和实践。他们给每个希望小镇都赋予了一个充满深情、富有诗意的主题，把希望的种子不断播撒，建设出一座座充满活力又各富特色的美丽乡村。

在调研座谈会上，华润集团办公室主任宋贵斌，以及具体负责社会责任和 ESG 事业的办公室副主任杨勇都说，听说我有一个心愿，就是走遍、看遍华润的每一座希望小镇。我说，今天是一个美好的开始，也希望我调研的步伐，能够赶得上华润希望小镇建设的步伐。

事实上，在我创作本书的过程中，我所写的这 10 家企业都有了新的成绩、新的故事。虽然来不及及时更新奉献给读者，但这也促使我下决心，以后每年都以这样的方式，选择10家企业，可能是老朋友，也可能是新朋友，进行一一书写记录，向他们致敬。

在本书的最后，我要诚挚地感谢给予我鼓励，引领我进步的领导、同事们。特别要感谢一直督促我、帮助我的彭华岗会长，是他的无私指导，让本书从设想变成了现实。感谢中企研的马洁瑶，为本书的顺利完稿付出的辛劳。

听华润的朋友们说，一年前，他们曾经在南江希望小镇，成功组织过一场有着3000多人参与的马拉松赛事。我在南江的最后一天，大家想在这里集体跑一次。早晨六点钟，大家准时出发，呼吸着山水之间的清新空气，迎着朝阳、踩着露水，在希望小镇中穿行、在希望的田野上奔跑、在祖国的壮丽河山中，一路向前。

刘星，于北京

2024 年 10 月 30 日